铁马红颜 ——萧太后

◎ 主编 金开诚

◎ 编著 姜 霓

吉林出版集团有限责任公司

吉林文史出版社

图书在版编目（CIP）数据

铁马红颜——萧太后 / 姜霓编著 . 一长春：吉林
出版集团有限责任公司：吉林文史出版社，2010.11（2022.1重印）
ISBN 978-7-5463-3979-5

Ⅰ.①铁… Ⅱ.①姜… Ⅲ.①萧太后（953～1009）
－传记－通俗读物 Ⅳ.①K827＝461

中国版本图书馆CIP数据核字（2010）第205564号

铁马红颜——萧太后

TIEMA HONGYAN XIAOTAIHOU

主编／ 金开诚 编著／姜 霓

项目负责／崔博华 责任编辑／崔博华 邱 荷

责任校对／邱 荷 装帧设计／柳甬泽 张红霞

出版发行／吉林文史出版社 吉林出版集团有限责任公司

地址／长春市人民大街4646号 邮编／130021

电话／0431－86037503 传真／0431－86037589

印刷／三河市金兆印刷装订有限公司

版次／2010年11月第1版 2022年1月第5次印刷

开本／ 650mm×960mm 1/16

印张／9 字数／ 30千

书号／ ISBN 978-7-5463-3979-5

定价／ 34.80元

前　言

　　文化是一种社会现象，是人类物质文明和精神文明有机融合的产物；同时又是一种历史现象，是社会的历史沉积。当今世界，随着经济全球化进程的加快，人们也越来越重视本民族的文化。我们只有加强对本民族文化的继承和创新，才能更好地弘扬民族精神，增强民族凝聚力。历史经验告诉我们，任何一个民族要想屹立于世界民族之林，必须具有自尊、自信、自强的民族意识。文化是维系一个民族生存和发展的强大动力。一个民族的存在依赖文化，文化的解体就是一个民族的消亡。

　　随着我国综合国力的日益强大，广大民众对重塑民族自尊心和自豪感的愿望日益迫切。作为民族大家庭中的一员，将源远流长、博大精深的中国文化继承并传播给广大群众，特别是青年一代，是我们出版人义不容辞的责任。

　　本套丛书是由吉林文史出版社和吉林出版集团有限责任公司组织国内知名专家学者编写的一套旨在传播中华五千年优秀传统文化，提高全民文化修养的大型知识读本。该书在深入挖掘和整理中华优秀传统文化成果的同时，结合社会发展，注入了时代精神。书中优美生动的文字、简明通俗的语言、图文并茂的形式，把中国文化中的物态文化、制度文化、行为文化、精神文化等知识要点全面展示给读者。点点滴滴的文化知识仿佛颗颗繁星，组成了灿烂辉煌的中国文化的天穹。

　　希望本书能为弘扬中华五千年优秀传统文化、增强各民族团结、构建社会主义和谐社会尽一份绵薄之力，也坚信我们的中华民族一定能够早日实现伟大复兴！

目录

一、萧燕燕登上皇后宝座　　　　　　001

二、萧皇后助君初展才华　　　　　　035

三、萧太后摄政大力改革　　　　　　065

四、萧太后统军结盟澶渊　　　　　　091

一、萧燕燕登上皇后宝座

（一）命运转氏族恩怨

萧太后是伴随着杨家将故事的广泛流传而在民间家喻户晓的，故事中的萧太后被塑造成一个杀伐决断、专恣诡谲、侵略成性的异国女主，然而民间故事常常与历史事实大相径庭。当我们透过历史的重重云烟重新解读这个神秘的历史人物，才发现她实际上是一位文治武功、修身兴国的英明女主。

　　萧太后（953—1009）名萧绰，小字燕燕。她出身于契丹族一个极其显赫的贵族家庭——萧阿古只家族。萧姓家族在辽国是仅次于皇族耶律氏的大贵族，自从耶律阿保机娶了萧家的小女儿述律平，两族便世世联姻，共掌政柄，因而萧阿古只家族被称为辽国最显赫的国舅别部。皇后必出萧家，这已成为辽国政坛的"潜规则"。萧绰的祖先萧敌鲁在辽太祖耶律阿保机时曾任总宿卫一职，拜为北府宰相，是辽太祖时期的有功之臣。萧敌鲁又是辽太祖皇后述律平的哥哥，所以萧绰的族系属述律氏。萧绰的母亲是辽太宗耶律德光的女儿燕国公主耶律吕不古，父亲是当时辽朝北府宰相及驸马萧思温，是一位具有远见卓识而且崇尚汉族文明的辽国大臣。正因为其家或其本人的命运，都与辽政权有着休戚与共、密不可分的关系，为了追述萧绰非凡的一生，让我们回到那个政权动荡而

混乱的年代······

契丹建国后，可汗的世选制虽已为皇帝世袭制度所取代，但在帝位承袭中还残存着明显的世选制痕迹。太祖阿保机至景宗五朝屡屡发生的帝位之争、皇族内乱，就是基于皇位继承人的不确定而爆发的。

辽太祖阿保机有嫡子三人，长子耶律倍、次子耶律德光和少子李胡。长子耶律倍很早就被立为太子，辽太祖攻灭渤海国后，将其改名为东丹国，命令耶律倍镇守。他仰慕汉文化，尊崇孔

子和儒家思想，是历史上著名的"东丹
王"；次子德光为天下兵马大元帅，掌征
伐和兵马大权，侍奉母后述律平非常孝
顺、谨慎；少子李胡残忍好杀，不得人
心，却很得母后的偏爱。辽太祖死后，
按照长幼有序的世袭制，本应由太子耶
律倍继承皇位，但当时皇后述律平掌管
朝政，她本来就偏爱次子，就逼迫长子
让位给了次子耶律德光。就这样，耶律
德光称心如意地成为了大辽国第二代皇
帝——辽太宗，这为以后的权力争夺埋
下了隐患。为削弱和控制东丹王耶律倍，
辽太宗加强了对他的监视和防范，耶律
倍愤懑难忍，浮海南渡，投奔后唐。临
行前他黯然留下一首诗以表达悲愤之情：

小山压大山，大山全无力。

羞见故乡人，从此投外国。

这场没有硝烟的皇位争夺之战并没有到此结束，辽国统治集团内部分化成了两大派别，即支持耶律倍的一派和拥护辽太宗的一派，这两派之间的争斗连年不休，并不断波及他们的后世子孙。

耶律倍的长子耶律阮在叔父辽太宗死后发动政变取得了王位，排挤掉了本应继承王位的辽太宗长子耶律璟，成为辽国第三代皇帝——辽世宗。辽世宗在历史上是个承前启后的皇帝，他致力于辽统治机构的建立和制度的完善，完成了由契丹部落联盟向中央集权的转变。由于他的精明强干，在他执政时期，平

息了祖母述律平皇后和李胡的篡权叛乱。然而由于辽世宗多启用后晋降臣而轻慢契丹贵族，招致了契丹贵族的反对，导致刺杀辽世宗的事件不断发生，严重干扰了他建立统治秩序的活动，并最终结束了他的统治。公元951年，辽世宗在南下攻打中原途中夜宿火神淀。晚上，辽世宗祭祀父亲亡灵后，设宴招待群臣和各部酋长，喝得大醉，被左右扶入内帐。深夜，燕王耶律察割率领一班酋长冲入内帐，举刀砍死了沉睡中的耶律阮，杀死了随行的许多官员和所有后妃，这就是历史上著名的"火神淀之变"。所幸在这次政变中辽世宗的次子、仅仅4岁的耶律贤（后来辽国第五代皇帝，辽景宗，即萧绰丈夫）在辽太祖御厨伙夫长的帮助掩护下，得以侥幸逃脱，保存一命。但由于耶律贤在"火神淀之变"中惊吓过度，落下了风疾的病根，身体常年虚弱，这也为日后萧绰临朝执政埋下了伏笔。这次政变使得曾被辽世宗夺去政权的耶律璟苦尽甘来，诚惶诚恐地当上了辽国的第四代皇帝——辽穆宗。

至此，辽国历经了四代帝王，这段时期，争夺王位的战争此起彼伏，亲人反目、骨肉相残。公元953年，辽国开国皇帝耶律阿保机的妻子述律平寂然去世了，但她的娘家传来了一个女婴的啼哭声，她就是此时任职南京留守的萧思温的第三个女儿——萧绰，她将太后干政之路走向了巅峰。

一死一生，两个对辽国发展有重大影响的女人，在历史上擦肩而过。

（二）出名门天资聪慧

尚在襁褓中的萧燕燕，很难说与其他婴儿有什么不同，然而时间可以验证一切。她出生时，辽立国已经三十七年，辽太祖和太宗打下的江山刚出现了来之

不易的勃兴气象，至世宗和穆宗时期却迅速中衰，各种社会矛盾日益加剧，国家形势近陷危局。在契丹民族何去何从的关键时刻，深具文韬武略的萧绰登上了契丹社会的政治舞台。她以无可匹敌的政治智慧和军事才干，锐意改革，积极进取，励精图治，兢兢业业，创造了契丹历史辉煌的一页。

三四岁时的燕燕就让人明显感觉到她将来必定是个绝色佳人，她从小所表现出的聪慧和灵动，越发使人刮目相看。她的父亲萧思温其人不仅足智多谋、工于心计、堪称干才，而且博览经史，较之于其他契丹贵族，这个家族是一个开始

契丹國志卷十

進契丹國志表

汉化的契丹贵族家庭，而燕燕是萧思温最喜爱的、最令他感到骄傲的女儿，这就注定了萧绰无法过平平淡淡、游牧草原的悠闲生活。尊贵的出身、独特的家庭环境，以及这个家庭与辽国皇室极其特殊的关系，使萧绰小小年纪就不能不关心契丹王朝的命运，不能不去熟悉和了解契丹所处的形势，而家庭的熏陶和她本人的天资聪慧，又培养了她"明达治道""习知军政"的治国治军才能。

一个人的性格往往决定了他的人生抉择，决定了他日后人生价值的体现。萧绰最终能成为主宰辽国命运的一代圣主并被后人认可，除了历史环境造就之外，还与其本人自身条件息息相关。

燕燕从小就与其他的女孩不同，喜怒哀乐很少表现在她的脸上，言谈举止更是无意间流露出一种特殊的高贵气质。一身秀气的她走到哪里都是众人关注的焦点，而且对于这一点，她也总能泰然处之，待人接物落落大方，无论做什么事，哪怕是最简单的一件小事，也认认真真对待，力求做到完善。

俗话说得好：知女莫若父。萧思温早就看出这个三女儿与她的两个姐姐大不相同，便对燕燕的一言一行格外关注。有一天，草原上漫天风沙，萧思温故意

契丹女子发式

契丹男子发式

叫三个女儿去打扫庭院，大女儿、二女儿都胡乱扫了几下，敷衍了事，唯有最小的萧绰认认真真地打扫了庭院的每一个角落，有条不紊、一丝不苟，非两个姐姐可比。萧思温在心里暗暗地赞叹："此女从小便如此懂事、聪颖，长大后必能成大事。"此后，萧思温有意让萧绰多接触政治，以便日后成为其得力帮手。这种直接参与实践的训练让本已"早慧"的她更加成熟而才能凸显。她不仅饱览了父亲的所有藏书，熟读经史，而且诗词歌赋琴棋书画无一不能，还练出一身精绝的武艺。年纪尚轻的燕燕好似一块璞玉，精雕细琢之后必然会放出耀眼的光芒。

世事变化无常，转眼间时光飞逝，不知不觉中，辽穆宗在位已有十九个年头了。辽穆宗既无政治才干，又无治国求贤之志，他酗酒、喜猎、不亲政事，既不思进取，又不虚心学习，却一味倒行

逆施，排挤朝中的汉族官员，对汉民实行民族歧视，鄙视汉文明。他的种种行径，一方面激起了百姓的积极反抗，同时许多汉民和部分汉官不堪忍受辽王朝的苛税重负和民族歧视，纷纷背叛辽国南归。另一方面，使得朝廷中许多崇尚汉族先进思想的契丹贵族心灰意冷，萧思温便是这其中的一员。

不仅如此，辽穆宗还凶狠残暴、酷虐成性，经常因为很小的事情随便残杀贴身奴隶。野蛮的残杀激起了奴隶们的无比愤恨，终于在公元 969 年，耶律璟在怀州游猎后回到行帐，贴身侍从小哥、盥人花哥、厨子辛古等 6 个奴隶便奋起暴动，将他杀死。这样辽国又面临着一场混乱的纷争。

而此时，当年在"火神淀之变"中死里逃生的耶律贤（辽世宗的次子、辽穆宗的侄子），已成长为一个风度翩翩、满腹经纶的青年了。由于他继承了祖父

"东丹王"耶律倍的汉化思想，22岁的耶律贤已熟读了许多汉族的文化典籍，而且对汉族的风土人情也颇为了解，这一切使得这个契丹族的皇室后代身上具有更多的儒雅气质，而少了点游牧民族与生俱来的彪悍、粗犷。然而，正是这一点才使得他在穆宗死后，朝廷混乱、政权更替之时脱颖而出。以萧思温、南院枢密使高勋、飞龙使女里为首的一派极力拥戴这位崇尚汉族文化的耶律贤继位。于是在他们的协助下，耶律贤带领1000兵士赶到穆宗灵枢前，次日黎明就宣布继位，改年号为"保宁"，耶律贤便成为辽国的第五个皇帝——辽景宗。

这一重大历史变故给萧思温带来了莫大的政治利益，不仅萧思温本人继续升官加爵，官至北院枢密使，兼北府宰相，又加尚书令，封魏王，军政大权集于一身。萧绰一生的命运轨迹也从此被改变。

（三）遇景宗惊鸿一瞥

青云直上的萧思温春风得意，令同僚们羡慕不已、望尘莫及。然而，真正使他名声大噪的不是一人之下、万人之上的官位，而是他的三个如花似玉的女儿。这三朵娇艳无比的名门之花，香气溢满了大辽国的每个角落。大女儿胡辇嫁给了耶律罨撒葛（辽太宗次子），她妩媚豪爽，精通骑射，擅长武艺，为抵抗外族入侵立下汗马功劳，是个典型的草原美女；二女儿端庄典雅、善于心计；而三女儿萧绰更是出落成了远近闻名的绝色佳丽。

自然地，萧燕燕这个名字也早已传到了景宗的耳中。

继位不久的年轻帝王景宗也时常憧憬爱情的甜蜜。尽管他的后宫美女如云，却始终没有人能令他真正倾心。接受过汉族思想的景宗深感知音难觅，面对着身边每日只知迎合他喜好的庸脂俗粉们，他倍感孤独。所以当他听说萧家三小姐不仅拥有绝世容颜还天资聪慧时，便迫不及待地想要一睹佳丽芳容。但是他深知自己刚刚登基，皇位根基还很不牢固，如果这个时候冷落后宫妃子而硬召萧绰入宫的话，恐怕会遭到大臣们的非议。于是，他只能按捺住自己的迫切之心，等待合适的时机到来。

景宗自幼身体虚弱，时常生病。一次，他病后初愈，心情大好，就选了一个阳光明媚的日子带领侍从来到郊外

打猎。当他甩掉了随行的侍从们，独自策马行进至草原最深处时，他隐约间听到远处传来女子清脆的笑声。景宗心中一动，驱马向着笑声行去。正当他四处观望寻找笑声来源的时候，一匹雪白的千里马猛然从旁边草丛中窜出，向他飞奔而来。还没等他反应过来，他的骏马就已经受到惊吓，不住嘶鸣，将他重重地摔在了地上。而这时白马的主人也勉强勒住马缰绳，气喘吁吁地坐在马背上，低头望着景宗羞涩地说道："对不起！"

景宗揉着伤痛的肩，抬头望向马背上这个鲁莽的人，他的目光接触到那人的一刹那，心里像被什么东西猛击了一下，连连暗自感叹："好一个国色天香的美人啊！"

两个人对望着，一个马上，一个马下，

一个满怀歉意、含情脉脉，一个惊遇天仙，犹如梦中。真是"踏破铁鞋无觅处，得来全不费功夫"，原来，马背上的女子正是景宗仰慕已久的萧家三小姐——萧燕燕，而今天的巧遇还多亏了燕燕的大姐胡辇。

能征惯战的齐王妃胡辇远征外夷，得胜归来，家人团聚欢喜异常，大姐就硬拉着小妹燕燕出来围猎。姐妹二人一路欢声笑语，就是这笑声吸引了景宗前来。调皮的大姐看燕燕端坐在马上，想戏弄她一下，就趁她不注意的时候在妹妹的千里马屁股上用力一鞭，受惊的千里马带着燕燕狂奔而去，没想到恰好撞到了闻声而来的当朝天子。但是也正因为这次相遇，才成就了后世"萧太后"

一世英名的千古佳话，真是天意使然。

随后而至的胡辇看到这尴尬的一幕，不禁失声大笑道："如此废物的男人！连马都坐不住，真可惜这宝马啦！"

这时景宗才意识到自己的失态，连忙手撑着地想要站起来，可是由于刚才跌下马时摔得毫无准备，伤到了筋骨，所以一用力支撑便疼痛难忍，呻吟一下倒在了地上。看到这里，燕燕嗔怪了姐姐一句，便翻身下马，走到景宗面前，伸出纤纤玉手扶他站了起来。这时的景宗早已被燕燕动人的容貌和身上淡淡的幽香所深深吸引，怔怔地看着眼前的女子，说不出话来。

当她走近景宗，看清他的衣着打扮时，立即花容失色地躲到了姐姐的身后，原来她注意到这个倒在地上的青年竟然穿着皇室猎服，头戴镶嵌宝石的幅巾，以貂

鼠为扦腰。"这种打扮只有当今皇上才能配得上啊！莫非……"萧绰暗暗思忖着。当她抬头仔细打量面前这个仪表堂堂、面容英俊的青年时，发现他周身显露出一种非凡的贵族气质，于是她暗自确定，这一定就是当今圣上——大辽国景宗皇帝。

这时姐姐胡辇却忙着赏玩景宗掉在地上的宝刀，一点都未曾察觉到妹妹表情的变化，还兴冲冲地问景宗那把宝刀可否卖给她，甚至傲慢地嘲笑他配不上这么好的刀。燕燕见姐姐频繁冒犯皇帝，急得连连拉扯她的衣角，小声道："他是皇上呀！"胡辇一怔，这才发觉自己闯下了大祸，连忙放下宝刀，垂手侧立一旁。燕燕拉着姐姐欲双双对景宗施以大礼，景宗连忙扶起了燕燕，柔声问道："你叫什么名字？"

燕燕答道："我叫萧绰，小字燕燕，那是我的大姐齐王妃胡辇。"

景宗一听到萧燕燕三个字，立即兴奋得满面通红，急促地追问："你就是萧思温的小女儿萧燕燕？"

燕燕望着景宗不解地点点头。

景宗激动地望着燕燕娇美的面容说道："果然名不虚传，真是位倾城的美人啊！"

就在这时，侍卫赶来请景宗回宫，他只好恋恋不舍地跟随侍从翻身上马，无限留恋地缓缓远去，心里满满装的都是萧燕燕美丽绝伦的音容笑貌……

（四）用心机半路夺情

　　邂逅了燕燕的景宗，一颗心无论如何也无法再平静下来了。燕燕的美貌让景宗倾倒，但更打动他的心的，是燕燕身上那种与众不同的高贵气质和泰然自若、处变不惊的风度，那是一种与生俱来的神韵。而燕燕身上透出的自然活力，更令他朝思暮想。于是他派人暗中打听萧燕燕的情况，然而结果却令他十分苦恼。原来这位绝世美人早已经许配给了燕王韩匡嗣的儿子韩德让。

　　韩氏家族在大辽国的地位举足轻

重，韩德让是汉人，祖籍蓟州玉田。祖父韩知古时就投奔辽国，做了辽太祖皇后述律平的奴隶，因极具才能成为辽太祖的亲信，屡立功勋，死后名列耶律阿保机二十一名佐命功臣之一。韩德让的父亲韩匡嗣在景宗在位时被拜为上京留守、南京留守兼摄枢密使，封为燕王。而韩德让本人也绝非等闲之辈，此时的他被任命为东头奉承官、补枢密院通事。韩德让生得仪表堂堂、英俊潇洒，且文武双全，他早就听说萧家三小姐燕燕论文采、论武艺、论相貌都在辽国数一数二，只是一直无缘得见。他第一次出现在萧家时，燕燕只有13岁，而韩德让比她年长整整12岁。

一日，韩德让跟随父亲韩匡嗣来到萧家大帐做客，席间，韩德让谈吐自如、气质儒雅，令平时见惯契

丹贵族子弟浮华、鲁莽作风的萧思温眼前一亮，在他眼里，25岁的韩德让已经相当成熟精明，他认定韩德让一定可以成为栋梁之材，振兴辽国。同时他也一直在为小女儿留意门当户对、精明能干的青年作夫婿，而如今面前高大英俊、一表人才的韩家公子正是极合适的人选，想到这里，萧思温暗暗做了个决定。

正在这时，家仆禀告萧家三位小姐遛马回来了，萧思温让她们赶紧过来拜见贵客。不一会，三个戎装女子依次踏入大厅，她们一出现就吸引了大厅内所有人的目光。韩德让细细打量着她们，走在最前面的女子身着红色戎装，面容姣好，眼神凌厉而高傲，行走间显露出一种玉树临风的英气，她就是大女儿胡辇；紧接着走进来的女子身着淡蓝衣裳，温婉沉静，楚楚动人，她是萧思温的二女儿；走在最后的女孩身量最小，身着鹅黄箭袖戎装，神态平静若水，步伐轻

盈，浑身散发出一种非凡的灵气，她就是传闻中能文能武的绝世佳丽萧燕燕。

姐妹三人向韩氏父子行过礼后，便立在一侧。燕燕忍不住抬头瞥向韩德让，发现他的目光正紧紧地锁住自己，便脸上一热，赶紧又低下头去。而这一切都被萧思温看在眼里，从而他越发满意自己的决定。

自从韩德让初次见过萧燕燕之后，便被她特殊的气质所深深地吸引了，但无奈燕燕年龄尚小，韩德让羞于启齿。经过反复思量后，爱情的力量终于还是战胜了理智与羞涩，他向萧思温表明了心意，而几乎第一眼就相中他的萧思温十分高兴，于是，香气溢满大辽国的萧燕燕聘给了显赫身世的韩氏家族公子韩德让。心满意足的韩德让现在唯一盼望的就是时间过得再快一些，他的未婚妻可以快点长大。

然而世事难预料，谁能想到，好不容易燕燕长大了，两人即将谈婚论嫁的节骨眼上杀出个"程咬金"——有人要跟他抢夺未婚妻，而且这个人的实力大到连他的家族都无法抗衡。

对景宗来说，抢大臣的未婚妻确实不是件光彩的事，更何况韩家在辽国的地位根深蒂固，远可以追溯到大辽开国的年代，这种根基是刚刚上位的景宗所万万不能撼动的。他绝不能采取硬碰硬的态度，一来人家婚约在先，抢人妻子实在理亏；二来万一把韩匡嗣惹急了，带动群臣非议，对于自己还没捂热的宝座是极其不利的。这件事他必须做得不动声色，既要娶到心仪的燕燕，又不能

激怒韩家。面前的重重困境根本不能动摇景宗的心，方法想好后，剩下的就是不露声色地执行了。

首先，景宗开始提拔韩德让，拜他为上京皇城使，还授予彰德军节度使，并替代他的父亲韩匡嗣任上京留守，这样一来使得韩德让权倾京城，声望大增。过了不久，又让他替父亲值守南京，一时间韩德让春风得意，荣耀无限。对于自己的连连高升，韩德让既觉得是情理之中，又在意料之外。聪慧过人的他暗自忖度，这其中的原因他虽然不能完全猜透，但他可以确定的事就是皇上要笼络自己，而目前来看他唯一能做的事只有以静待变。

接下来，景宗命人暗访萧府，让萧

思温转交一枚玉佩给萧燕燕。后来甚至亲自夜访萧家，与萧思温长谈，将他的思虑委婉地告知了对方。直到这时，萧思温才明白为何皇上最近连连擢升韩家，一切的一切如串起的珠玑，景宗深邃的用意显露无遗。这件事有些出乎萧思温的意料了，他本来只希望女儿嫁入韩家，继续名门望族的生活，没想到当朝天子竟然会如此赏识女儿，看来燕燕的人生轨迹注定要被改变。萧思温一方面惊喜于自己的女儿要嫁入皇族，自己将荣升为皇亲国戚；另一方面，他又为女儿感到深深的担忧，因为自古后宫多险恶，自己最珍爱的女儿将要面对的，恐怕非福即祸。但是，事已至此，他别无选择。

于是，事隔几日，韩德让与景宗皇帝所赐的一名有着皇室血统的女子成婚了。公元969年，17岁的萧燕燕被召进皇宫册封为贵妃，仅仅三个月后，就被册立为皇后，入主后宫。从此开始了她长达四十年的宫廷生涯。其中协助丈夫景宗执政十三年，景宗病逝后，又以太后的身份临朝称制二十七年。在她活跃在政治舞台上这几十年内，大辽国国力蒸蒸日上，她为北方民族的发展和融合作出了巨大贡献。而这四十年的后宫生涯，也使萧绰从一个纯真、聪慧的少女成长为一个坚毅果敢、深明大义的女性。

（五）嫁皇族荣登后座

辽景宗继位后，面对国内混乱的局

势和国外虎视眈眈的入侵者，的确想励精图治，大干一番事业。但无奈自幼惊吓过度落下了风疾的病根，发作起来无法上朝管理朝政，除了依靠朝中诸位大臣出谋划策外，更重要的是依靠他的皇后萧绰。

17岁的女孩本应是天真烂漫、无忧无虑的，但是作为一国之母的萧绰却绝不能过那样清闲的日子，她还要用娇弱的身躯担负起辽国繁复的军政大事。满腹才情的萧绰自然不甘心始终做一个养尊处优的皇后，景宗的体弱多病给了她难得的机会管理朝政。萧绰运用她的智慧和才情尽心尽力处理国家大事，她眼光独到，病弱的景宗越来越依赖她，朝中上下也越来越佩服这位年轻貌美的皇后，辽国的命运渐渐掌握在萧绰手中，

这使她倍感骄傲。

但是治理一个国家绝非寥寥几句可以描述得清的，尤其是当时中国的政治形势十分复杂，辽国面临着严重的内忧外患。宋、辽两个大国南北对峙，四周还有北汉、党项、南汉、吴越等几个小国各自为政。宋朝初年，宋太祖赵匡胤、宋太宗赵光义兄弟二人经过多年努力，先后灭掉一些周边小国，国运昌盛，趾高气扬，大有一统天下的雄心壮志。自然而然地，他们就把进攻的对象设定成了政权不稳的辽国。

就算宋的实力强大到有心灭辽，赵氏兄弟也不会贸然行事。为了试探辽的虚实，宋朝选择了与辽交好的北汉政权作为进攻的首要目标。于是在公元969年，也就是辽景宗刚刚继位那一年，宋朝对北汉发动进攻，希望趁着辽政权交替不稳，无暇顾及北汉的时机进攻。

北汉受到攻击后，立即向辽国求援。

这时辽国军政大权已交到立后不久的萧绰手中。她从小熟读兵书，当然明白唇亡齿寒的道理，但是无奈于辽国的军事兵力实在有限，对外作战能力远不够强大，所以只能派出一支实力一般的军队前去救援，结果败给宋军。好在宋军此次也只是试探性攻击，并没打算一举兼并北汉，所以打了一阵就自动退兵了。

当战败的消息传回辽国都城时，萧绰马上召集朝中大臣一同商讨当前形势。她明确地指出，辽国目前军事力量较弱，多是由于内部几次叛乱，无暇重视军队演练，士兵的战斗力不强。目前辽国的当务之急就是整顿内务，严明军纪，缓和统治阶级内部的矛盾，集中精力发展生产，增强国力，然后征服西方力量较为弱小的党项族，以绝后患。但是对于实力强大的宋朝，目前能采取的对策只有防御，以获得边界上的安宁，争取发展的宝贵时间。

二、萧皇后助君初展才华

（一）平叛乱初露端倪

　　边疆的威胁暂时被化解了，萧绰的一颗悬着的心也可以暂时放下来了。但是世事就是这样，永远不知道下一秒将会发生什么。而事情一旦发生，便不可逆转。

　　且说萧思温在女儿被册封为皇后之后，愈加得宠，被任命为尚书令，加封为魏王，权倾朝野。因为他拥立有功，过于受宠，以至于引起了朝中其他大臣的嫉妒与不满。其中一些具有阴谋野心、蓄意叛乱的契丹贵族就把对景宗皇帝和其皇后的仇视火苗燃烧到了萧思温身上。

公元970年（即景宗继位第二年）五月，辽景宗前往阎山（今辽宁阜新）行猎，萧思温也一起随行，契丹贵族高勋和女里合谋，派人趁乱刺杀了萧思温。父亲的死令萧绰悲痛异常，但在悲痛之余，这件事也使她迅速成熟起来，敏感的她预感到有一股强大的邪恶势力将要向她袭来，会威胁到景宗的帝位和她家人的安危。

对于一个强悍的民族来说，没什么比皇权更令人觊觎，更何况高高在上指点江山的是一个年仅18岁的弱女子。于是，在萧绰代替景宗临朝主政的这段时间里，不断遇到来自皇族和外戚的挑战。

　　果然不出所料，不久高勋和女里等人开始实施他们的阴谋叛乱活动。这一次叛乱来势凶猛，且计划严密，幸亏萧绰早有提防，暗中做好了布置。在叛乱的消息刚刚爆发时，她装作毫不知情、措手不及的样子，制造出懦弱的假象来蒙蔽敌人。其实，她暗中早已派亲信打探好了叛乱分子窝藏、聚集的地点，在谋反叛贼自鸣得意、放松警惕的时候，萧绰看准时机，派人火速突袭叛军的据点，一举歼灭了所有叛军，瓦解了叛乱分子的内部政权，平息了这场蓄谋已久、策划周密的叛乱风波。

　　不过，萧绰并没有因为成功地平息了这场叛乱而沾沾自喜，相反的，她更加谨慎、冷静地看待周遭的每一件事情，因为她知道，阴谋叛乱的活动绝不会到此结束，只要他们在位一天，各种邪恶

势力对皇位的觊觎就多一天。即使她如何明察秋毫、精于观察，也无法看透身边人的想法。她甚至能感受得到，在宝座四周隐藏着无数双虎视眈眈的眼睛，阴冷的目光让她不寒而栗。

镇压叛乱总是要用到军队的武装力量，而每次剿灭叛军总伴随着流血事件的发生，宅心仁厚的萧绰不愿看到太多无辜的人被牵扯进来，不想祸及百姓，更不想看到武力镇压后血流成河、触目惊心的场面。究竟采取什么样的办法可以阻止叛乱发生、维持安定和平呢？首先要做的，就是分析出目前最有野心、有篡夺王位嫌疑的人，锁定目标才能有的放矢。

分析得出结论，两个人进入萧绰的视野——太平王耶律罨撒葛和赵王喜隐。

太平王耶律罨撒葛是萧绰的大姐胡

辇的丈夫，也就是萧绰的姐夫。他曾因谋反败露而仓皇逃跑，扔下了妻子胡辇一人，令性格倔强的胡辇十分痛苦。可生性刚强的她却从不向别人提起，所有的哀痛都自己默默承担，外人只能看到她的倔强和放纵。然而，只有她的亲妹妹萧绰才能真正了解胡辇心中所想所愿，所以，她想出了一个两全其美的办法。

她劝说景宗赦免太平王耶律罨撒葛，又封他为齐王，封胡辇为齐王妃。下令允许他回归故里，与妻子团聚。萧绰这样做的原因有两个，一是想让罨撒葛感恩戴德、悬崖勒马；二是想成全大姐胡辇，给她一个温暖的家。被赦免后的罨撒葛想再次东山再起已经几乎不可能了，但是他明白自己的性命是操纵在皇后萧

绰手中的，而能影响到她的决定的就是自己的王妃胡辇。他知道，萧绰和胡辇姐妹情深，她是会为了顾及姐姐而对自己手下留情的。所以他不得不想尽办法讨好胡辇，但是倔强的胡辇早就看透了他的心思，她不可能再对抛弃过她的丈夫付出真心。于是这对各怀心事的夫妻迫于各种政治、社会关系原因不得不公开表现出恩爱、和谐，实际上，他们貌合神离。这样，萧绰两全其美的办法看似奏效了，至少，她控制住了齐王罨撒葛。

去掉了齐王这一块"心病"，萧绰还有另一个更难解决的

人——赵王喜隐。

耶律喜隐是辽太祖耶律阿保机三子"钦顺皇帝"耶律李胡之子，他曾两次因策划谋反而被囚禁狱中。景宗继位之初，大赦天下时，他也没有获得赦免恢复王位。对此，他常常怀恨在心。但是阴险的他十分明白，身陷囹圄的他必须重新取得皇帝和皇后的信任，博取众人同情，以便他尽快被赦免恢复王位，然后一切从长计议。狡猾的喜隐摆出悔过自新、重新做人的姿态，口口声声说要觐见皇帝和皇后，当面叩谢不杀之恩。由于他不断造出种种声势，迫使执掌政权的萧绰不得不考虑对他重新安排，一来显示自己宅心仁厚；二来以平民声。经过多番考虑后，皇后萧绰决定召见他。

谁知道无巧不成书，偏偏召见喜隐的这一天，萧绰的二姐进宫看望妹妹，两人在宫门外不期而遇。

　　说起萧家二小姐，命运比起妹妹来逊色许多。自从父亲被人暗杀身亡之后，一直待字闺中的她一人独守萧府，倍感寂寞。贵为皇后的萧绰对于二姐的婚事也颇费心思，希望给她找一个称心如意的丈夫，但是始终没有发现合适的人选，于是她便常常派人将二姐接进宫里小住，以解其忧烦。

　　赵王喜隐看到萧家二小姐温婉秀丽的身影后，不禁被她的容貌所打动。当听侍卫说那是萧家二小姐，也就是当今皇后萧绰的亲姐姐时，他就暗自下定决心一定要娶她为妻。只有娶到她，才能牵制萧绰，使她顾及姐妹之情对自己网开一面。

　　而此时萧二小姐瞥见身陷囹圄却气度不凡的赵王喜隐，早已心有所动。两人各怀心事，彼此都有些心猿意马。当喜隐看到先行一步的萧二小姐似有若无地频频回头时，他知道，自己出狱之日不远了。

萧绰怎么也想不到平日温婉沉静的二姐提出要嫁给喜隐时，眼神会如此坚定、不容置疑。她搞不懂为什么二姐偏偏要嫁给一个负罪之人，更何况，喜隐多次策划谋反未遂，至今仍野心勃勃，绝不会善罢甘休。姐姐一旦嫁给他，且不说日后生活是否能幸福，说不定还会被牵连为叛党。但是看着姐姐那样固执的眼神，她能做的只是在内心祈祷喜隐可以为二姐的爱情所彻底改变。

不久，喜隐获得了赦免，并被封为宋王，娶了萧二小姐为宋王妃。至此，辽国最有可能篡夺王位的两个人都被暂时安抚住了，可以说，国内政局进入一个相对稳定的时期，萧绰施政重心逐渐向恢复生产、发展经济、增强军事力量转移。

随着时间的推移，在辽景宗的默许下，辽国几乎一切日常政务都由萧绰独立裁决。如果遇到什么重要的军国大事，

她便召集朝中各族大臣共同协商，最后综合各方意见再做出决定。她做出的决定，辽景宗最多只是听听通报，表示"知道"了，就可以实施，不会做任何的干预。在萧绰的努力下，辽国军事日渐强盛，政局经济也步入正轨。保宁八年（976年）二月，辽景宗传召史馆学士下谕旨说，此后凡是记录皇后所说的话，也可以用"朕"或者"予"，并成为一种定式，将妻子的地位提升到与自己等同的程度。由此也可以看出，皇后萧绰名为辅佐，实为当政，她用自己的聪明才智和实践中积累起来的治国经验，带领辽国蒸蒸日上。

（二）退宋军大获全胜

好景不长，宋朝并没有给辽国太多的恢复时间，辽的边疆安全又一次面临极大的挑战。北宋早在建国初年，就制

定了"先南后北"的统一方针，由于宋朝
不敢轻易进犯辽国，于是两国在一段时
间内相对和平。但是宋朝始终想收回被
后晋石敬瑭割让给辽国的战略要地幽云
十六州。宋太祖继位后，就积极筹划收
复失地。为此，他特地在宫中设立"封
椿库"，准备储满五十万贯钱，就将幽云
失地赎回，如果辽国不同意，就把这笔
钱用做北伐的经费。

公元 976 年，宋太祖驾崩，他的弟
弟宋太宗赵光义即位，他是个颇为狂妄
自大的皇帝，很想在对辽关系上有一番
作为，实现兄长的遗愿。在他继位后的
第四年，他就认为宋朝的力量足以一统
天下了，于是他踌躇满志地亲率大军向
辽国进军，这次他选中的首要进攻目标
仍然是北汉。

北汉再次受到猛烈攻击，赶快派人
到辽国求救。皇后萧绰派大将耶律敌烈
带精兵前去救援，展开了白马岭之战。

但是由于辽国恢复发展时间不长，军队缺乏对外作战经验，致使白马岭战役失败。于是，宋军很快就攻占了北汉都城太原，北汉灭亡了。

刚愎自用的宋太宗被胜利冲昏了头脑，白马岭一战让他低估了辽国的实力，他认为辽军军纪混乱，战斗力差，没有英勇善战的将领，一攻即破。于是他在军队几乎毫无思想准备和军事准备的情况下，不顾宋军经过数月的艰苦攻战，士卒疲乏；兵力消耗颇多，战胜后又未获得例行的赏赐；士气松懈，天气炎热等不利因素，强制命令调转车马向东进军，企图乘战胜之威，立即攻下幽州。

辽国的景宗和皇后没想到宋军会如此咄咄逼人，在没有做好战斗准备的情况下仓促迎战，致使歧沟关、涿州等地

相继失守，宋军顺利地挺进幽州城下。

幽州在辽朝时称为南京析津府，是辽国极为重要的军事重镇。城池墙高垒固，方圆三十余里，易守难攻。宋军以重兵将幽州城团团围困，并部署了八百架大炮轰击城墙，在宋军持续猛攻下，幽州城岌岌可危。

辽景宗和皇后萧绰得到快马回报后，焦急万分，火速召集朝中大臣商议目前形势。面对宋军来势凶猛的围攻，辽国上下分为两派，一派以景宗皇帝为首，他们慑于宋军强大的力量而不敢迎战，认为迎战必败；另一派以皇后萧绰为首，主张迎战。萧绰分析了当前双方敌对形势，认为宋军虽然强大，但是他们连续作战一定会使将士疲劳，粮草短缺。所谓"一鼓作气、再而衰、三而竭"，正是

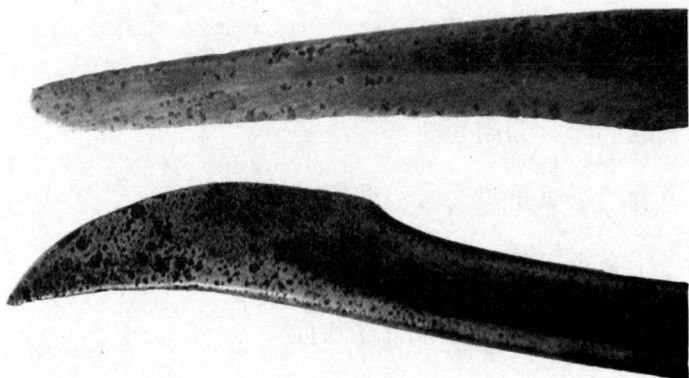

这个道理。再加上他们远征辽国，援兵粮草一时绝难到达，而辽军虽然实力较弱，但是未伤元气，足能与宋军抗衡一段时间。目前的形势其实对辽军极为有利，一方面，辽军可以发挥"地利"的优势，继续增兵增粮给幽州城内，以备正面迎战；另一方面，可以派轻骑部队包抄宋军后方，断其粮草、援兵。这样前后夹击，宋军必败。

萧绰的准确分析使得大臣们信心倍增，大受鼓舞。大将耶律休哥极力支持皇后的看法，主动向景宗请缨。萧绰当即代表景宗任命耶律休哥为统军使，派耶律沙带领另一支军队与他配合，共同救援幽州，阻击宋军。萧绰亲自出宫为即将出战的将士送行，她一再嘱咐耶律休哥用兵贵在神速，出其不意，行军作战过程中大将有决定权，只要他认为布置周全就可自行裁决，但是要及时报告战况，不得有误。耶律休哥和耶律沙见年轻的皇后如此英明睿智，不由得深深叹服，带领众将士火速向幽州城赶去。

当时固守幽州的是权知南京留守事韩德让，在他的指挥下，守城官兵顽强抵抗宋军四面进攻和炮轰城墙，整整坚持抗衡了十五天。就在宋军将士疲乏、久攻不下之时，耶律沙率领的一队精兵及时赶到。

先前耶律休哥和耶律沙两员大将拟定作战计划，决定两个人分头行动。耶律沙先率领精锐骑兵直奔幽州城，打头阵，尽快解城内危机；而耶律休哥则领兵绕到幽州城南，同原先驻扎在那里的耶律斜轸率领的军

队会合，会合后再赶到幽州城接应耶律沙的军队。

耶律沙率兵赶到幽州城后，隔着高粱河与宋军对峙着。面对宋军的威胁，耶律沙稳住阵脚，为后援军队赶到赢得了宝贵的时间。

这一天接近黄昏的时候，按照事先约定好的，耶律休哥率领的队伍，举着明晃晃的火把绕到幽州城南，与耶律斜轸顺利会合后，又立即在一座山上放出信号，告知耶律沙及城内苦守多日的辽国士兵，密定于第二天以号角为令，一同发起进攻。宋军在黑暗中看到辽军的火把闪动，虽然不知道是什么意思，却被由北向南蜿蜒行进的巨大火龙所震慑。

第二天，天刚蒙蒙亮，辽国的两路大军向宋军发起了进攻。战争进行得异常激烈，双方各不相让，拼死一战。正在这时，皇后萧绰派出的另一队轻骑军已经悄悄地包抄了宋军的后方，断绝了宋军的粮道，并抢走了宋军由后方运往前线的大批军粮。当宋军得知这一消息时，阵中人心惶惶，无暇顾及战事。宋太宗得知后，惊出一身冷汗。

宋军进抵幽州前已历经苦战，消耗颇多，又未得到充分的补充，部队的战斗力已有所削弱，现在又遭受辽军的三面攻击，已渐感不支了。现在又听说辽军已经断了他们的援军之路，内心更加恐慌，斗志大减，纷纷逃离战场，犹如丧家之犬。而辽军在耶律休哥的带领下，乘胜追击。

宋太宗眼看大事不妙，赶紧下

令撤兵，宋军失败，死者过万人。宋太宗本人腿部中箭，不能骑马，只能化装成农夫，在侍从的保护下乘驴车仓皇逃至涿州，这才幸免一死。辽军追至宋辽边境才停止，缴获了无数兵器和粮草。痛心疾首的宋太宗发誓一定要报今日之仇，以雪此奇耻大辱。

这就是历史上著名的辽以少胜多的战役"高粱河之战"。这次战役宋军全线溃败，而辽国大获全胜。究其原因，从宋军方面来看，宋太宗个人愚昧于仅仅知己，不能知彼。在平定北汉后就忘乎所以，犯下了轻敌的错误，竟以为能轻而易举地一举扫平幽云各州；辽军方面，主要归功于皇后萧燕燕卓越的军事才能，她凭借过人的胆量和准确无误的分析，主动迎战。她懂得发挥草原民族骑

兵的优势，依托坚固的城防，尽可能消耗疲惫的宋军，适时以骑兵增援，挫败宋军攻势。这充分表现了她卓越不凡的军事才能和果敢坚毅的个人特质，也说明她确实是一名具有远见卓识的女中豪杰。这次宋军的失利，对以后与辽作战造成了极其不利的影响。

高粱河一战，使得年轻有为的皇后萧绰更加受到辽国君臣百姓的爱戴和崇敬，这个睿智而富有魅力的女人通过一次次危机关头的英勇决策赢得了相当的威信。

但是也使得一小撮叛乱分子妒火中烧，他们仇视这个美丽、年轻又足智多谋的女子，因为她掌握了整个辽国的生杀大权。这其中就包括萧绰的二姐夫——野心勃勃的宋王喜隐。

宋王喜隐这次谋反叛乱再一次被萧绰识破，并迅速出兵，剿灭了这一伙乌

合之众。自食恶果的喜隐因谋反被黜，囚禁在祖州的土牢里。萧绰的二姐悲伤欲绝地苦苦为丈夫求情，但景宗对屡次谋反的喜隐极为反感，根本不想赦免他。萧绰对于这件事也十分无可奈何，宋王妃绝望至极。于是，不久之后，宋王喜隐被处死了。皇后萧绰亲自前去看望二姐，黯然地发现二姐已经完全变了样子，现在的她活脱脱是个失去丈夫的怨妇。

宋王被处死这件事对于萧绰的内心影响很大，因为随着她的实权增大，她必须面对的矛盾越来越多地暴露在面前，许多她不得不做的决定折磨着她的内心。但是她清楚地知道，喜隐是个极其狡猾又极具野心的人物，留着他只能贻害辽国，但是他偏偏是二姐的丈夫，处死他意味着她和二姐之间的姐妹情谊几乎毁于一旦。

但是，人的心智是随着环境的改变而变化的。多年以来的政治生涯已经使得原来单纯、蕙质兰心的少女蜕变成果敢、干练而又精明的女政治家。儿女情长之事只能偶尔感叹一下，绝不能改变她的决定。此时的萧绰不能用一个普通人的眼光来看待问题，因为她要保护的是整个大辽国百姓的安康，她所要捍卫的是已经历经了几代的政权，她所肩负的重任迫使她要尽快成熟起来。她所面临的环境也迫使她不得不做出相应的改变，哪怕是为此要付出亲情的代价，她也不能怜惜。

（三）为人母教子有方

皇后萧绰也有极其感性的一面，因为她已为人妻、为人母。所不同的是，

全国重点文物保护单位

奉国寺

中华人民共和国国务院
一九六一年三月四日公布
辽宁省人民委员会立

每个人表达爱的方式不同，心系整个大辽国命运的萧绰，将严厉的教导注入对子女深深的爱当中。萧绰一生共生下四个儿子和三个女儿，长子耶律隆绪，也就是后来的辽圣宗，从小就跟随母亲亲临政事，接受严格的教育。

萧绰从小熟读经史，崇尚汉族文化，于是她要求子女也学习汉族典籍，接受汉族先进思想。耶律隆绪在他母亲的影响下，熟读诸子百家之作，从中吸取了许多汉族封建统治的先进经验，这也为他后来成为辽国的一代明君奠定了基础。

在耶律隆绪还是个未谙世事的少年

时，萧绰常常给他讲中原明主仁政爱民的故事，不仅如此，她还经常身体力行地告诉他治国之方，培养他的治国能力。她还特别注重培养儿子实际战斗的能力，每次御驾亲征，她都要带着儿子随行，希望通过战场真刀真枪的熏陶，让他在实际战斗中受到教育和锻炼。

除了这些，她还常告诫儿子要修身立性，时刻谨记自己是未来的一国之君，万不可放纵自己，玩物丧志。游牧民族多喜欢狩猎于林间，萧绰看见儿子爱在松林里打猎，就及时告诫他："前圣有言，欲不可纵。吾儿为天下主，驰骋田猎，万一有衔橛之变，适遗予忧，其深戒之！"由此可见，萧绰对儿子未来发展用心良苦，也可以说，辽圣宗能成为一名辽国

圣主，萧绰的功劳是不可泯没的。

（四）景宗薨萧绰摄政

乾亨四年（982年）九月，位于今天山西大同的云州焦山行宫里，空气中弥漫着一种前所未有的恐慌，宫女们行色匆匆，慌忙地穿梭于各重朱红色大门；侍卫们守卫森严，偶尔彼此交换一个寓意深刻的眼神。所有人都知道，一场政权变动在所难免，随之而来的，很可能是统治阶层的腥风血雨。很快，辽景宗出猎病逝的消息传回了皇宫，一同呈上的还有景宗临终前留下的遗诏"梁王隆绪嗣位，军国大事听皇后命"。

此时，年仅29岁的皇后萧绰正沉浸在无限的悲伤和哀痛之中。作为一个女人，丈夫的离去比任何打击都来得更加猛烈，只要一想到从此以后生命中再也不会有丈夫的鼓励和支持、怜惜和疼爱，

萧绰的心就好似掉进了万丈深渊，坚强的她忍不住放声恸哭。

但是伤心不是她现在全部的情绪，她的丈夫不是普通人，而是一国之君，他的离去酝酿着更深刻的变革，那些虎视眈眈盯着王位的人一定会将这个时候作为叛乱的绝佳时机。萧绰强忍住悲痛，冷静下来思忖现在的政治形势。

辽太祖时期就已留下诸王宗亲可以拥兵握权的陋规，这在当时是最大的隐患。《契丹国志》卷十八记载："时诸王宗室二百余人，拥兵握政，盈布朝廷。后当朝虽久，然少姻援，诸皇子幼，内外震恐。"意思是说当时契丹皇族宗室共有二百多人，分别都拥有自己的军队，以此干预朝政，主少国疑，政权极其危险。

目前她的手中拥有的只是景宗的一纸遗诏，与野心勃勃的契丹贵族手中握有的重兵相比，简直微薄得不堪一击，根本保护不了她们孤儿寡母。她和景宗的长子当时只有 12 岁，少不更事，几乎不能指望他主持大局，而她一介女子，要想统治骁勇善战的契丹族谈何容易？

所以目前她能做的，只有尽可能地笼络朝中重臣、博取信任和同情、同时掌握朝廷兵力，才能

稳定蠢蠢欲动的皇族。

萧绰立即召见了大臣耶律斜轸和韩德让，在他们的面前流着泪说："母寡子弱，族属雄强，边防未靖，怎么办啊？"二位重臣立即上前安慰并发下重誓："只要你信任我们，就没有什么可忧虑的！"

于是，辽圣宗顺利继位，萧绰被尊为皇太后，临朝称制。她将战功赫赫的耶律休哥安排在南京（今北京）留守，总管南面军事，加强边防；任命韩德让为南院枢密使，后来又让他总管宿卫事，保障她们母子的安全；任命耶律斜轸为北院枢密使，管理内政事务尤其是严管贵族。

至此，在忠心耿耿的重臣协助下，萧绰顺利度过了政权交替最危险的时期。公元983年6月，圣宗率领众大臣为萧绰上尊号"承天皇太后"，从此，辽国进入了历史上著名的"承天后摄政时期"。

三、萧太后摄政大力改革

（一）稳政局纵横捭阖

辽国自建国开始，宗室诸王叛乱历史不绝于书。太祖的时候有诸弟纷争；辽世宗继位时与他的皇叔李胡有横渡之约；世宗本人又是在察割之乱中被杀的；景宗虽然逃脱了，但也因此而得了病，继位以后几乎不能上朝。在那充满阴谋和仇杀的黑暗旋涡中，萧绰辅佐景宗走过了十三个波浪翻卷的年头。离开了丈夫的庇佑，这位聪慧的女人独自一人坐稳了二十七年的江山社稷。

但是在她心底，永远也忘不了父亲萧思温是死于乱党刺杀，她对于贵族拥兵自重的害处有着最深刻的体会。于是，她在临朝伊始就着手防范王室拥兵叛乱，果断地采取了戒严的措施。

历史上记载："统和元年二月，禁官吏军民不得无故聚众私语冒禁夜行，违者坐之。"这实际上就是发布戒严令，以稳定局势。她还采纳了汉官韩德让的建议："敕诸王归第，不得私相燕会，夺其兵权。"虽然这个政策表面上看起来有些禁锢官员、百姓的嫌疑，但是我们应该看到的是，这条政令发布时，辽国正处于极其特殊的历史背景下。而这一措施实际上是针对当时手握重兵的贵族，而非针对所有民众，而且它确实达到了"人心大定"的功效，它在稳定辽朝统治、使之保持连续发展上起了重大作用。

　　在缓解了契丹贵族拥兵自重的危机之后，萧太后着重要考虑的是，如何重建一个稳定的、团结的统治核心集团。为了进一步稳定政权，她着力打造一个上和君心、下遂民意的统治集团。为了加强统治集团的力量，萧太后毅然决然地提出了"唯在得人"的用人方针。根据这一方针，她建立了一个新的统治核心——有"经国之材"的耶律斜轸、当时已拜枢密使兼北府宰相的汉人室昉和南院枢密使汉人韩德让。通过对他们的重用，改变了"共国任事，惟耶律、萧三族而已"的贵族统治格局。

耶律斜轸是辽代有名的大将，景宗很器重他，古书记载他"妻以皇后之侄，命节制西南面诸军"，说明他娶了萧太后的侄女，也就是说萧太后是他的姑姑，皇族和后族历来是亲上加亲，你中有我，我中有你，打断骨头连着筋，对外用兵自然会同心同德、同仇敌忾。统和元年耶律斜轸被任命为守司徒，拜为北院枢密使，他确实为辽代的中兴立下了汗马功劳。他在东面讨伐女真族，在西面大胜宋军，而且擒拿了宋军大将杨继业，他辅佐萧太后南伐，为稳定辽朝的统治尽了全力。萧太后对斜轸也十分眷顾，《辽史记事本末》引《名山秘录》说："后有琥珀杯二枚，……容酒半升许。每朝会，酌赐有功大臣，当时惟斜轸得赐数次，国人

荣之。"意思是说萧太后有两个珍稀的琥珀杯，每当宴请朝臣时，就会用它们赐酒给有功的大臣，当时只有耶律斜轸得到过好几次恩赐，国人都以他为荣。萧太后还让辽圣宗和耶律斜轸在她的面前互相交换鞍马和箭矢，并且成为忘年之交。种种史料记载，足以见萧太后对斜轸的重视，可以说是用心良苦。

室昉是南京人，他在辽景宗时就已被委任重职，也是萧太后的得力之臣。统和元年，他"进《尚书·无逸》篇以谏，太后闻而嘉奖"，可见他在促进契丹统治者加速封建化的进程上起了重要作用。统和二年萧太后让他修山岭上的路，他派遣了二十万民夫，仅用一天的时间就完成了任务。在当时的历史条件下，动员二十万民工来修路，足以见得工程的浩大，而他能以那么高的效率完成，确实反映出他超强的组织能力和极高的办事效率。

三个人当中萧太后最依仗的还是韩德让。韩德让是辽代中兴的一个重要人物，他的祖父韩知古，是太祖时期的佐命功臣之一；父亲韩匡嗣任南京留守，并"以留守摄枢密使"。可见，韩氏家族在辽朝居于举足轻重的地位，他们世代参与军国大事决策，握有实权，而且韩德让又"重厚有智略，明治体"，所以他成为萧太后最得力的助手。辽景宗撒手西去之时，她茕茕孑立，局势变得十分险恶，最令人忧心的是赵匡胤篡夺后周江山的局面在辽国重演。在这紧急关头，当时身为南院枢密使的韩德让挺身而出，力挽狂澜，收拾危局。他在景宗病危时即不俟诏命，"密召其亲属十余人并赴行帐"，在萧皇后默许下，更换不可靠的大臣，随机应变，夺其兵权，使太子得以顺利即位。韩德让的所谓"亲属"，是指隶属于皇帝但由他统领的"宫分军"。由于韩德让沉着果断，一场灾难终于风流云散，化险为夷。

在这几次紧要关头，韩德让的出色表现奠定了他在萧太后心目中亲信的地位。太子即位后，韩德让一身系朝廷安危，就成了朝中权势最煊赫的大臣。萧太后摄政时期，他更是锋芒毕露，显赫一时。公元979年宋军攻辽的"高粱河之战"中，韩德让率领辽国守军坚守整整十五个日夜，最后大败宋军，以功勋取得南院枢密使之位。公元986年，他跟随太后亲征，为萧太后出谋划策，打败宋军曹彬的部队。以后又多次出征，因功绩可嘉，被封为宰相。公元988年，被封为楚王。公元999年，耶律斜轸死后，他又被提拔为两院枢密使，直至封为总揽辽国军政大权的宰相。由此可见，萧太后相当器重韩德让，而韩德让也确实是位值得信任的

忠义之士。他辅佐萧太后对契丹国的经济、政治进行了一系列的改革。

萧太后的这种用人方针，自然撼动了契丹皇室贵族在朝廷中的势力，直接危及到了他们的利益。于是，许多贵族纷纷出来反对，提出不该委任异族以重任。面对这种形势，萧太后坚持己见，主张贯彻自己的任人唯贤的方针。她以皇帝的名义下诏责问："选官唯在得人，岂能以种族界限为碍？"不仅如此，她还绝不轻易偏听那些皇亲贵戚们的诽谤污言。

事实证明，萧太后的这种用人政策是极其英明的，她精明但不疑心过重，她注意发挥每个人的特殊才干，能受到人尽其责的效果。《契丹国志》记载她"神机智略，善取左右，大臣多得其死力"。耶律斜轸、耶律休哥、韩德让和室昉等

几位核心重臣更是能够"相友善，同心
辅班，整析蠹弊，知无不言，务在
息民薄赋，以故法度修明，朝无
异议"。

（二）废隶制以解桎梏

统治核心稳定之后，萧太后将改
革的视角放在了辽国社会。当时辽国正
处于奴隶社会，奴隶制度大大阻碍了辽
国社会经济、政治的发展。萧太后发现
这一点之后，就决定从解放奴隶开始进
行改革。在她的努力下，三类奴隶通过
部族再编制的方式变成了部民、自由民。

首先，圣宗时期新征服的回鹘部落
和王国部民，分别设部进行统治，而不
再编入奴隶。统和七年（989 年）规定："南
征所俘者，给官田赎之，使相从。"这个
措施使得新归顺辽国的百姓可以取得较
为平等的地位，使他们更加容易融入契

丹族，这为北方民族的融合作出了一定贡献。

其次，把原来在皇帝宫帐和皇族宫帐中负责捕鹰、冶铁的奴隶们改编成了自由民，使他们取得了部民的地位。据《辽史·营卫志》记载，改编自由民的部族有：萨里葛部、窈瓜部、讹仆抬部、稍瓦部、葛术部等等。以稍瓦部和葛术部为例，二部原属于各个宫殿以及宫帐贵族的奴隶，后来，用这二部蕃息，妥善安置，从此这两部原为捕猎和冶铁的奴隶，取得了部民的地位。

最后，使契丹国自辽太祖阿保机以来，辽国从周边各族（女真、乌古、敌烈、党项等）、各部俘虏来的大批奴隶重新获得了人身自由，成了部落平民。

萧太后通过对奴隶制度大胆的改革，使处于落后奴隶制状态的辽国，摆脱了旧式的奴隶制的束缚，跨入了封建社会的崭新时期。奴隶制度的废除，调

动了辽国底层劳动群众的积极性，极大
地促进了辽国生产力的飞速发展，是辽
国划时代的伟大转变。然而，这一改革，
却触动了辽国贵族、奴隶主的利益。一
部分顽固的奴隶主坚决抵制废奴运动，
使奴隶制的废除运动受到层层阻碍，虽
然萧太后对此采取了很多有效的措施，
但仍未能在短期内使奴隶制在辽国被根
除。萧太后对于奴隶制这一改革，大大
加快了辽国经济、政治的发展步伐，它
标志着封建制在辽国的确立。

（三）劝农桑休养生息

由于辽国建国前期穷兵黩武、连年

征战，到萧太后摄政初期，出现了民生凋敝、百废待兴的局面。对此，萧太后采取了休养生息政策，鼓励国民发展农业生产。

首先，她倡导耕牧，采取体恤黎庶、移民垦荒等一些促进生产发展、符合社情民意的政策，倡导发展农业生产，并给予优惠政策。据《辽史·食货志》记载："统和七年二月壬子朔，迁徙三百户居民到檀、顺、蓟三州，选择肥沃土地，给牛、种谷。"这种鼓励移民的措施，大大提高了农民生产的积极性，直接拉动了辽朝经济的发展。她还多次下令保护农田，禁止耽误农时，并亲自走进乡间观察耕种，还派遣使臣劝农，进一步起到了鼓励农业生产的作用。

其次，减免租赋。统和七年（989年）六月，萧太后下诏，将

燕乐、密云两个县的荒地许给百姓耕种，并免赋役十年；统和十四年，南京道重定税法，萧太后认为新法过重，下令减少。第二年，下令农民耕种滦州的荒地，免其租赋十年。据不完全统计，在她执政的二十七年中，曾三十几次下令减免赋税，赈济贫民、流民、灾民。萧太后本着"息民薄赋"的原则，减轻了农民负担，改善了农民生活，促进了生产力的发展。她不仅劝农桑，薄赋徭，还"诏疏旧渠"，兴修水利，"诏诸道劝农种树"等，这些休养生息的措施都调动了农民的积极性，推动了辽朝农牧业生产的发展，使辽国达到鼎盛时期。

（四）设科举改革吏治

如果说萧太后最初的改革开始于对奴隶制废除的话，那么她临朝之后的改革中最重要的就是在用人制度上的革新以及对吏治的改革——设置科举选拔人才、大力整顿吏治。

契丹自建国以来，对官吏的选拔一直是沿用贵族世袭制，即契丹贵族官爵世代相传，像南府、北府宰相、枢密使等军政要职，完全由契丹贵族担任。这种世袭制不利于贤才的选用和国家的发展。而且，随着辽国统治地区的逐步扩大，民族成分也更加庞杂。辽国朝中的蕃汉两族大臣所占比重也越来越大，特别是汉族官员头脑清晰、思想进步、有勇有谋，足以担当重任。而契丹贵族子弟大多墨守成规、骁勇有余而韬略不足，所以世袭制很大程度上限制了对人力资源的开发。辽国的政权机构内部没有受到新思想的冲击，无法

注入新鲜的血液。这样，使得萧太后在执政时期，虽然"宵衣旰食，夙夜忧勤"，仍时常感到举步维艰、势单力薄。

为此，她虚心学习不同民族的文化，吸取他人之长为己所用。萧太后的青少年时期是在燕京度过的，深受汉族文化的熏陶。她执政时期，极力推行汉学教育，并且学习中原汉家选拔人才的办法，施行了科举取士的制度。公元988年，萧太后下诏开贡举、设科取士，标志着科举取士的制度在辽国的确立。自此，这种制度便成为辽国选择官吏的途径之一，而且辽国的科举制主要是面向汉人的，这样还能够扩大选拔人才的范围，为有才能的人入仕打开了通路。按其规定有乡、府、省三试，乡中称为"乡荐"，府中称为"府解"，省中称"及第"。考试的科目分为词赋和法律，词赋是正科，法律为杂科。统和六年（公元988年）到统和二十七年（1009年）间，总共放

贡举十七次，几乎一年一贡举。据考证，辽国通过考取进士取得官位的有五十三人，为圣宗时期的改革奠定了人才基础。

不仅如此，萧太后治国有方，听到好的建议必定采纳，闻善必从。为了笼络群臣，她给许多大臣加官晋爵，或是绘像于景宗乾陵，使群臣尽其忠而效其力。作为明主，她颇能纳谏，对于韩德让等人多次提出的"任贤去邪"建议，她都虚心接受。韩德让为大丞时，认为耶律乌不吕才能出众，可以任命为统军使，就及时推荐给了萧太后。萧太后问："乌不吕尝不逊于卿，何为而荐？"韩德让回奏道："臣忝相位，于臣犹不屈，况于其余，以此可知用，若使任之，必能镇抚诸蕃。"萧太后听从了韩德让的谏言，任命乌不吕为检校大尉。历史上女主本就很少，能做到萧太后这样广纳谏言的明主就更是屈指可数。

在选取人才方面，萧太后总是不拘

泥于出身，她多次下诏，"诸部所俘宋人有官吏儒生能抱器者，诸道军有勇建者，具以名闻"，使得更多的汉人和宋朝降官能为其所用。比如宋朝进士十七人挈带家眷来投奔辽主，萧太后"命有司考其中第者，补国家官，余援县主簿尉"。萧太后这样的安排，鼓舞了汉官的士气，也使得她更加受到了汉民的拥戴。

宋朝有个非常有名的汉官王继忠，他当时是宋朝的郓州刺史、殿前都虞候，在望都之战中，萧太后俘获了他。这个人极有才干，为人刚正不阿。萧太后久闻其名，一心想收服他，让他归顺辽国。但是她也同样清楚，像这样的忠义之士，是绝不会轻易倒戈变节的。于是，萧太后就采取了"怀柔"政策，与王继忠恳切交谈，议论当今形势，品评世间豪杰，使王继忠对这位契丹国主刮目相看。萧太后又对他晓之以理、动之以情，终于收服了王继忠。王继忠归顺辽国后，萧太后任命他为户部使，又把康默记族的一名美丽女子赐予他为妻。王继忠看到萧太后如此通情达理、深明大义，也不禁心服口服，于是尽全力辅佐萧太后。后来宋辽之所以会签订历史上最著名的"澶渊之盟"，也是由于王继忠周全考虑当时形势，向萧太后进言献策的。萧太后自他归降后十分器重他，自始至终将他看做忠义之士，从来没有过度怀疑他的忠心，使得王继忠全心全意效命。

萧太后由于对人才有正确的认识，用人不疑，疑人不用，使她能够很好地聚集人才，笼络人心，巩固自己的统治地位。她的英明举措，使北方草原上不再只闻骑射声，也有了"鸟宿池边树，僧敲月下门"的琅琅书声，加快了辽国的

封建化进程。她的有关用人制度方面的
措施，充分体现了她"慧眼识英才"的非
凡才能，她"不以种族界限为碍"的方针，
更表明了其开放的思想和宽广的胸怀。

　　一个国家吏治的好坏，能充分显示
出这个国家的政治是否清明。在大力选
拔人才的同时，萧太后还整饬纲纪，主
持制定实施了一系列改善辽国统治的政
策，推行廉政，号令百官要以国事、公
事为重，对上级官员不能搞阿谀奉承那
一套，禁止奢侈腐败行为。据《辽史·圣
宗纪》载："开泰六年，诏大小职官有贪
暴残民者立罢之，终身不录；其不廉者，
虽处重任，即代之；能清勤自持者，在
卑位亦当荐拔；其内族受赂，事发，与
常人所犯同科。"同时，她实施善政，注
重营造良好的社会风气，提出"有孝于
父母，三世同居者，旌其门闾"，倡导孝
敬父母、尊敬老人之风。另外，她还对
有功之臣论功行赏，对触犯刑律者也严

惩不贷，通过"赏罚信明"，达到"将士同命"的目的。她还积极采纳民众的建议，"留心听断""多合民心"，很大程度上制止了官吏对人民的搜刮和勒索，减轻了人民的负担，这些举措都大大加快了契丹社会的封建化步伐。

（五）革刑法赏罚有章

刑法制度对于百姓来说具有"双刃剑"的作用，一方面，刑法可以震慑国民，维护统治阶级统治；另一方面，过于严苛的刑法制度势必导致百姓惶惶不可终日，严重时甚至容易引发暴乱。而辽国在辽穆宗统治时期，刑法苛刻残酷，而且法度不严明，对待汉人和契丹人也不一视同仁，引起了辽国百姓的极大不满。而且，这种刑法存在弊病，致使穷苦的百姓有冤情没有地方申诉，也不能起到稳定社会局面的作用。萧太后称制后，随着大辽国的势力向东挺进，国内

多民族矛盾越来越激烈。基于以上考虑，萧太后悉心留意刑法的实施情况，发现了这一弊端，及时规劝辽圣宗适当放宽刑法，而且，也积极着手修订律令。在她的授意下，辽圣宗修改了十多条法令，受到了百姓的拥护。这一针对穆宗时"赏罚无章"的法治混乱情况所制定的改革政策，一方面主张减轻刑法，以安民心；另一方面又根据当时社会的实际情况更定法令条款，的确起到了安定社会的作用。

在当时，辽国境内的汉人社会地位很低，常常受到契丹族的歧视和不公平待遇，生活很悲惨。原来的法律规定：凡是契丹人和汉人互相殴打而致死的情况，对契丹人的处理很轻，但是对汉人的处理则很重。如果是契丹人打死了汉

人，仅仅用牛马作为抵偿就可了事；但是如果汉人将契丹人打死了，这个汉人就要被处死，而且他的亲属还要发配去做奴婢。对于这种不平等现象，萧太后提出只以犯法轻重定罪，而不分民族地域。这一改革，大大维护了汉民的权利，而且有利于约束契丹人的行为。

除此之外，萧太后还多次亲自"临决滞狱"，亲自处理积压的悬案和疑案。为了取得人心，又规定"敕诸刑狱有冤不能申雪者听诣御史台陈诉，委官复问"，即下令凡是结案发落而有冤枉的人，可以到御史台上诉，并委派专门官员进行二次审核。不仅如此，萧太后还派遣出许多公正廉明的管理人员到各地"决滞狱"。在短短一年内，就两次派出大批管理人员到各地去解决冤狱。

经过萧太后选人制度、吏治和律令等方面施行的改革措施，辽国出现了"国无幸民，纲纪修举，吏多奉职，人重犯法"的美好景象，监狱里的犯人越来越少，辽国内政呈现一片兴旺的景象。

萧太后以上所进行的改革措施，从本质上来说，是为了维护自身的统治，夯实统治基础，稳固她的封建化统治地位。但是极其难得的是，作为统治阶级，她能够时刻站在百姓的角度针砭时弊，悉心观察，了解民声，顺应了时代发展的潮流，在稳固的核心统治集团的辅佐下，对政治、经济、社会、军事等各个方面进行了果断而犀利的变革。在一定程度上摒除了辽建国以来的一些陋习弊政。她革新图强的超前意识催促辽国历史的车轮滚滚向前，为辽圣宗时期完成封建化改革和辽朝盛世的到来，开创了良好的局面，打下了坚实的基础。

四、萧太后统军结盟澶渊

（一）敢爱敢恨太后改嫁

从古至今，爱情一直是个永恒的话题，只有那些有勇气去追求爱情的女子，才会尽享爱情的幸福与甜蜜。

萧太后少女时期就曾经许配给了韩氏家族的韩德让，韩德让成熟、潇洒的气质也着实吸引了她。但是辽国皇帝景宗送上那枚定情的玉佩时，这颗少女的心不知是该喜还是悲。一边是至高无上的皇帝，年轻儒雅；一边是两情相悦的韩德让，成熟稳健。命运竟然在她的生命里安排了两个如此完美的男人，是厚爱还是惩罚，谁也说不清。那时的她甚至没有选择的权利，只有默默接受。

嫁入皇室三个月后，她就被封为皇后，极品富贵将伴随她一生。但是，仅仅拥有物质上的满足是远远不够的，作为一个女人，特别是情感丰富的年轻女子，她还需要有情感的寄托，需要爱和被爱。她确实可以从景宗那里得到许多的关怀和体贴，但是更多的时候，她必须负担起治理整个国家的责任，而景宗却几乎无法帮她分担烦恼和忧愁，由于身体羸弱，景宗时常无法挨到深夜妻子处理好军国大事回来。于是，那种希望得到丈夫怜惜和疼爱的感情便时常

无法得到排解。

在萧绰心目中，她的丈夫给予她更多的是权力和威望，却不能使她拥有一个平静的爱情港湾。这样，就使萧绰常常在夜深人静的时候想起昔日情人韩德让。萧绰对韩德让的感情或许可以称得上是"依恋"，但是这种依恋之情只能"埋在心底永思念，恨不相逢下九泉"。萧绰对于丈夫景宗的感情混杂着同情和喜爱，而这种感情对于当时的她来说是最现实的，她不能为一个遥远的梦想而浪费太多的精力。

然而，这一切都随着景宗的病逝而改变了。29岁的她成了寡妇，颇有一种"当年不肯嫁春风，无端却被秋风误"的嗟叹，而她和韩德让之间也渐渐从君臣关系滋生出一种新的可能。所谓寡鹄孤鸾，红颜薄命，草木易凋，韶华易逝。在新的生活面前，萧太后充满了对爱情的渴望，她需要爱人，同时也需要被爱，

她需要一个智慧、坚毅的男人陪她走剩下的荆棘之路,替她分担苦痛、分享成功。于是,压抑在她心底很久的,对昔日情人韩德让的思慕之情像一颗埋在地下的种子一样,开始破土发芽了。

临朝称制后,萧太后和韩德让有了更多的接触机会,中年的韩德让更加成熟稳健了,他渊博的学识和过人的胆量使得他具有一种特殊的不凡的气度,整个人看起来潇洒超群,极具男子汉的成熟魅力。萧太后对他的爱慕之情时常溢于言表,对此,韩德让也颇能意会。于是她私下里情殷意切地向韩德让表露了

心迹："我曾经和你有过婚约，现在愿意重续旧情，我的儿子成为当朝国主，希望你能把他当做自己的儿子来看待。"韩德让本来恪守臣子之礼，不敢有非分之想，现在既然太后旧情未泯，重续前缘，他当然也不会错过良机，于是二人拉开了爱情的帷幕，也为后世留下了一段风流故事。

韩德让不仅能在精神上给予萧太后极大的安慰和愉悦，而且在事业上他还是萧太后的得力助手和不可缺少的一员大将。韩德让自从经常出入太后宫闱以来，更加严于律己，对军国大事更加忠心耿耿、尽职尽力。特别是他常劝谏萧太后的言行，使她对事情做出更合情理的处置。他不仅是太后的情人，更是她

的一位最好的诤友，在他的辅佐下，萧太后才顺利地施行了临朝之初的种种改革，大大地强盛了辽国。随着二人亲密的关系日渐公开，韩德让出入宫帐，与萧绰情同夫妻，无所顾忌。他们出则同车，入则共帐，就连接见外国使臣的时候都不避忌。

萧太后在爱情的滋润下，更加年轻美丽，她对韩德让的依恋之情已越来越深。但是敏感的萧太后却偶尔能感受到情人韩德让的忧虑，因为就算是在契丹族，丈夫置结发妻子于不顾这种事，也会受到舆论的非议，更何况是重情重义的韩德让。虽然他对妻子已无爱意，但是仍对她有着歉疚之情，常受到良心的谴责。而萧太后对于韩德让妻子的位置另有他人也始终隐隐不快，毕竟他们在一起是没有名分的事。

于是，时隔不久，韩德让的结发妻子神秘地死去了。对于她的死，世人众说纷纭。其中流传最广的一种说法是，萧太后派人毒死了韩德让的妻子。这种说法究竟是否属实现在已无所查证，但是随后不久萧太后与韩德让的变相婚宴却是史书有载。公元988年9月，萧太后一反从前在皇宫中宴请皇亲众臣的惯例，在韩德让的帐室中大宴群臣，并且对众人厚加赏赍，并"命众臣分朋双陆以尽欢"，所有人都明白，这就是萧太后改嫁韩德让的喜宴。这件事等于是公开宣告了萧太后改嫁的事实。

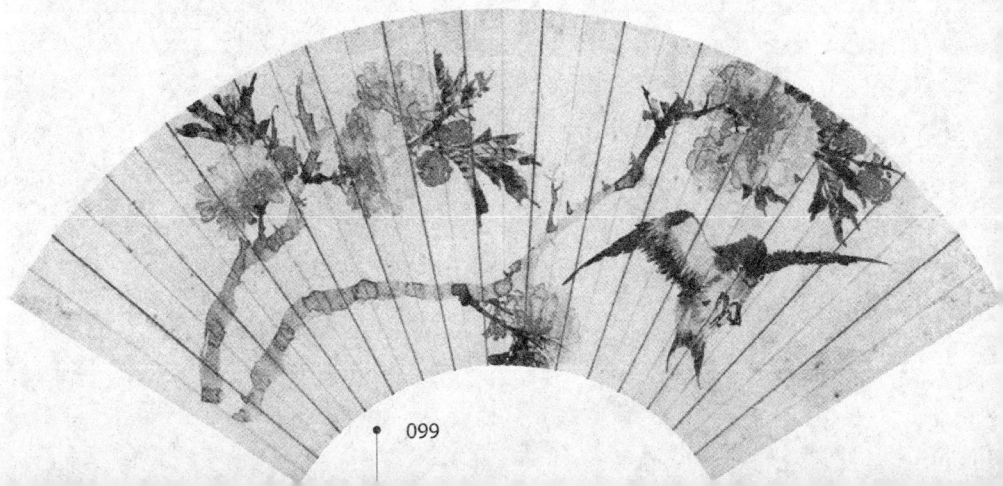

改嫁在契丹族的风俗中是再平常不过的事情，不像汉族风俗那样，女子丧夫必须守寡一生，以守贞节。但是萧绰作为大辽太后的身份地位实在太特殊了，一位契丹太后下嫁汉族臣子，无异于冒天下之大不韪。但是我行我素的萧太后没有理会那些质疑的声音，封韩德让为楚国公，官至丞相，总理南北院枢密使事务，权倾一朝；还废除了他的奴隶身份，赐名耶律隆运，名列耶律阿保机的直系后裔；辽圣宗赐他铁券几杖，上朝不拜，让他列置护卫百人，同天子仪，韩德让成为辽国权力最大的实权人物。

对于韩德让继父的身份，辽圣宗

耶律隆绪不但毫无反感，而且对韩德让有着发自内心的尊敬和父子般的感情。因为韩德让待他们如同自己的子女一样，倍加关心和疼爱，使他们从韩德让那里感觉到的父爱甚至比自己生父还要浓。因此，他们对于韩德让就像对辽景宗一样敬爱。辽圣宗每天都让自己的两个弟弟隆庆和隆佑去向韩德让问候起居，而且让他们在离韩德让寝帐二里以外的地方就必须下车步行。韩德让如果离京外出返回，两位亲王也要亲自去迎接，问安拜见。作为辽国皇帝的辽圣宗本人去见韩德让时，礼节更是一点都不含糊——他会在五十步以外的地方下车步行。虽然韩德让走出大帐迎接，隆绪却一定会先向他行礼，进帐后更是由韩德让高居上座，自己极为恭敬地向他行父子家礼。

萧太后的儿女们对韩德让的认可，使得辽朝宫廷上下愈发尊敬韩德让，把

他视作景宗第二。他们甚至认为，性情刚烈的萧太后能有韩德让这样优秀、挚诚的男子相伴左右、出谋划策，实在是辽国的大幸。所以，对于韩德让和萧太后之间的恋情，他们都公开地认可了。于是，韩德让体面而风光地陪伴萧太后度过了许多个春夏秋冬。

一个权倾辽国的女人，让丈夫、儿子、情人深爱一生，丈夫不计较权杖，情人不计较名分，儿子不计较名声。她度过了丰富而绚丽的一生，这种奇迹实在要感谢游牧民族的胸怀豁达、豪迈奔放。纵观历代后宫，只为得到皇帝宠幸而空等一生的悲戚妃子数不胜数，她们是封建皇帝制度的牺牲者。在主动追求幸福方面，她们中的任何一位都无法与大辽国的萧太后相比。

作为一个女人，萧绰的一生是成功和幸运的；作为一位母亲，她贤良慈爱、教子有方；作为一国之主，她是强有力

的铁腕娘子；而作为敌对的一方，她又是那样果敢善谋、胜券在握。可以说，她的人生是由多种角色、种种爱恨情仇谱写而成的一首绚丽多彩的诗歌。

（二）战沙场铁骑红颜

自古以来，驰骋沙场的巾帼英雄并不少见，但说到文能治国、武能征战的女主，就只有辽国的萧太后了。她汇集智慧、胆识与魄力于一身。在国家面临外敌入侵、极端危难的时刻，她能够冷静地分析敌我形势，果敢决策；在国力昌盛时，她又凭借着草原民族特有的骁勇善战的特性，巩固边防、南下征服。她不仅是一位了不起的少数民族女首领、女政治家，更是一名难得的军事将才。她以纤纤女流之身，亲御戎车，指麾三军，最终与宋朝签订了著名的"澶渊之盟"，留下了另一段沙场传奇。

萧太后摄政之初，就面临"族属雄强，边防未靖"的危机局面，她通过对政治制度的巧妙改革稳定了国内的局势，夺得了兵权，把全国的军事大权掌握在了自己的手中。这样"族属雄强"的问题相对得到了缓解，但是"边防未靖"的局面却令萧太后十分头痛。

当时，辽国的军队不到二十万人，东有女真，西有西夏，南有北宋，这一点点兵力是十分匮乏的。为了巩固边防，萧太后在最大限度上利用这些兵力，让他们的作用发挥到了极致。

首先，对盘踞在辽国周围的弱小国

家，萧太后采取先发制人的方针，通过运用武力与劝和相结合的手段，先后收复了辽国的几个毗邻的国家，这样既稳定了局势，又扩大了辽国的统治范围，使自身日益强大起来。

早在景宗时期(981年)，萧太后就派遣耶律阿没里等将士率兵征讨了高丽和女真，获取了一些胜利，但是始终没有完全占有他们。到了公元986年，萧太后又派耶律斜轸率兵讨伐女真，攻占了女真的领土。同年，高丽看到女真已降，也上表请降。这样，女真和高丽就划归了辽国的版图。辽的东西边防得以巩固。紧接着，萧太后又与西夏言好，两国结为同盟，互为通好；派大将萧挞凛武力收复党项族、阻卜族，安定西北

的边防重镇。这样一来，西北、西南的边防逐渐得到了巩固。

通过萧太后对毗邻国家的东征西讨，可以看出，她的基本战略是依仗自己的较强势力兼并弱邻，这样做既能部分解决"边防未靖"的问题，又能扩大疆土，扩展势力，这实在是一个一举两得的好办法。

对待南边强大的北宋，萧太后决定暂时不去主动挑衅，因为北宋的军事实力和综合国力远远超过辽国。如果主动挑起战争，势必会十分被动。但必要的防备是不可缺少的，萧太后很清楚地知道，与北宋的一场恶战是不可避免的，只是时间的早晚和双方当时局势问题而已。于是，她便派得力大将耶律休哥驻守南边，巩固南边的防线，注意观察北宋的动态，而且不断派出间谍潜入北宋，打探敌军的实力。

从萧太后对边防形势的分析和

处理上来看，她采取的是"以强敌弱，以弱防强"的策略。事实证明，这种战略是完全正确而英明的，这一策略为日后辽国取得与宋大规模战争的胜利奠定了基础。

萧太后非凡的军事才能不仅体现在对局势冷静、客观的分析上，还体现在她对辽国军事力量的提升上。她认为，军队的数量不是最重要的，重要的是军队的战斗力，即"兵贵精"。为此，她着手改编了军队，淘汰了军队中的老弱病残，组成了由汉人为主的精锐部队，自己亲自统率。

萧太后治军还非常注意整顿军纪，她下令"军中无故不得驰马，及纵诸军残南境桑果"。可见萧太后军纪严明，不容疏忽。她还注意赏罚分明，令行禁止，而且对受伤的将士也极为关心。当将士在战争过程中中箭负伤后，她立即亲自

探望伤势，并且赐名贵药材。可见，萧太后治军颇有一套，既军法严明，又能以仁义之心感动众将士兵。这样，辽军士气大振，将士争相效命。

（三）歧沟关以弱胜强

10世纪后期的辽国国势迅速中衰，直到萧太后执政，决策国事，政局才得以稳定，但其国力和军事实力仍远远落后于宋朝。公元986年萧太后临朝称制之初，北宋大将贺怀浦、贺令图父子及刘文裕等，听说萧太后与韩德让的风流韵事之后，联同文思使薛继昭等人相继向宋太宗进言："如今契丹主年幼，国事决于其母。而其母与韩德让之间的关系伤风败俗，定然招来国人痛恨，

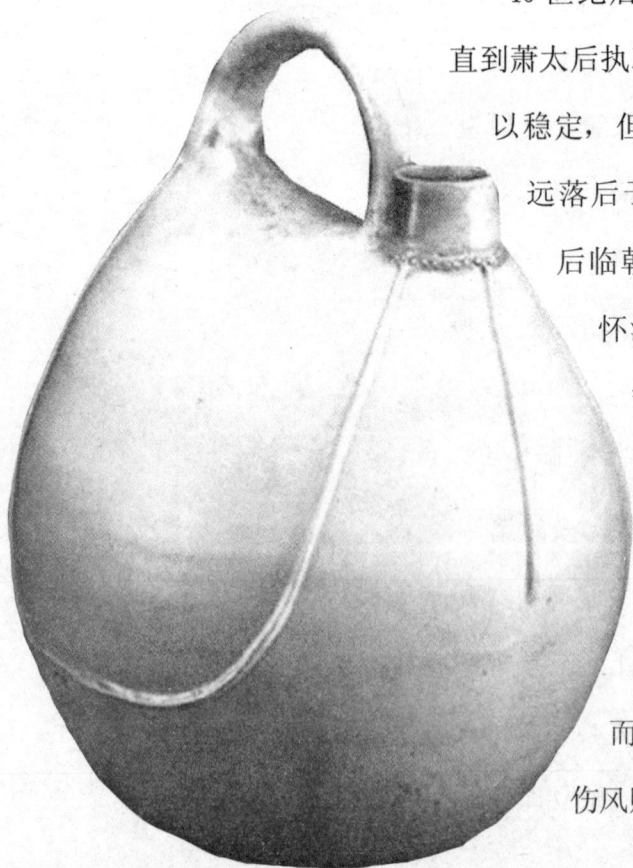

辽国肯定内乱，上下不齐心，会有谁愿听一个败坏妇德的女人指挥？现在正是对辽用兵的大好时机。"宋太宗闻报后也认为这是一个难得的进军良机，在他看来，夺回失地固然重要，雪洗高粱河一战大败的耻辱、重振国威亦是不可小觑的动力。他认为一个女人当朝不会有什么作为但他们实在太低估了这位治军与治国同样英明的契丹女主了。

经过一番部署与准备，宋太宗于雍熙三年（辽统和四年，986 年）的三月，对辽国发动了历史上著名的"雍熙北伐"。

宋太宗此次率三十万大军，兵分东、中、西三路发起进攻。东路由曹彬、米信率领，出兵雄州；西路由潘美、杨继业率领，出兵雁门；中路由田重进率领，出兵飞狐（今河北涞源北）。

战争伊始，宋军咄咄逼人，连取歧沟关等地，气势如虹，大有一举收复幽、蓟之势。但正是因为宋军连破城池、锐

不可当，才认为辽兵不堪一击，从而滋生了骄傲的情绪；同时，各路人马急功近利，派生出许多无端的矛盾。

面对如此危急的形势，执政仅三年的萧太后立即召开了御前紧急会议，决定从各地调集兵马赶赴前线战场。她以过人的谋略和胆识，采取了诱敌深入、各个击破的战略战术。她一面运筹帷幄，发兵点将，派出耶律斜轸、耶律休哥等大将率辽军杀奔各地战场，又调动东征兵马作为支援；一面为了鼓舞士气，亲自带领年幼的辽圣宗御驾亲征，驻扎在驼罗口（今河北涿县东北），坐镇督战，阻止曹彬的军队向北进发。对于萧太后此行，朝中大臣纷纷劝阻，让她不要带幼帝出征，以防不测。可萧太后为了让儿子在实际的战斗中锻炼才智，为日后统治国家积累经验，驳回了众臣的建议，毅然带领幼帝出兵。

此时，曹彬的部队已经深入到了辽

国边境之内。萧太后冷静地分析了当前局势，她认为曹彬此时是孤军深入，如果断其后路，势必会不战自败。于是，她派耶律休哥包抄宋军后路，阻断水源粮道。她自己则率大军与曹彬对峙，白天大摆进攻的姿态，晚上派出一小股骑兵偷袭曹彬大本营。这样虚实相间、真假难辨地迷惑曹彬，使得他错误地将自己的主要兵力放在了如何对付萧太后上，根本想不到自己的后路已经被切断了。双方僵持了一段时间后，曹彬渐感事情不妙，此时后方来报说部队的后援被切断了，他这时才知道中计了，立即率军撤退。萧太后等的就是这个时机，她向辽兵发号命令，挥师追剿。曹彬此时已无心恋战，只顾拼命撤退，偏偏又迎来早已包抄他们的耶律休哥。面对着后有追兵、前有拦截的形势，曹彬心中苦不堪言，深悔中了萧太后的计。然而此刻

也别无他法，只好组织军队大力突围。宋军在撤退途中伤亡很多，战局在这种形势下发生了改变，逐渐向着有利于辽国的方面发展着。

这一年五月，曹彬及其部队退至歧沟关时，耶律休哥率领辽军也尾随而至，曹彬被迫迎战。双方在歧沟关摆开了阵势，进行决战。宋军因为连日以来的苦战，死伤甚众；又因为粮草救济不上，士兵几乎是饿着肚子作战，士气十分低落；而辽军则士气高昂，兵精粮足。宋军前无增援，后有劲敌。经过几个回合的厮杀，辽军终于打败宋军，一直把宋军逼到易州东部的大沙河。大沙河水流湍急，

宋军到此后，正要休整，就见从辽军中杀出一队人马，为首的是一员女将，英姿飒爽，神采飞扬。

原来她就是萧太后，她马不停蹄地赶至疆场，横戈马上。宋军面前是奔流不息的大沙河，身后是虎视眈眈的辽军，走投无路之时他们纷纷冒险渡河，想留得一命。萧太后一声令下，辽军呐喊着冲到近前，一阵厮杀后，只见宋军四处逃窜，死者过半，尸横大沙河，甚至阻断了奔涌的河流。辽军取得"歧沟关大捷"，随即凯旋。

腾出了兵力，萧绰转而对付西路宋军，极大地鼓舞了辽军的士气。宋太宗连忙下令西路军全线撤退。宋军士气低落，一路连吃败仗。萧太后这边却连连收到前线传来的捷报，辽军在宋军中路和西路均取得了重大胜利，萧太后重赏了作战有功的将士，使士气大涨。

辽军大将耶律斜轸与杨继业的部队

在代州附近遭遇，双方展开了一场激战，打得难解难分，正在这时辽军假装兵败而逃，杨继业进兵心切，率五千精锐追击。萧太后神机妙算，事先在陈家谷埋伏了重兵，等到杨继业的部队进入陈家谷，埋伏在此的主力士兵全面出击，四面合围。一阵乱箭之后，宋军损伤惨重，杨继业得不到后方有力的支援，最后包括他儿子杨延玉在内的所有部属全数丧生，杨继业本人也被活捉，悲愤之下绝食殉国。因此，辽军士气大振，而宋朝守军则大受打击，还没对敌就已经失去了信心，无法守住已经夺得的土地，辽国顺利地收回了所有的疆土。

这场战争辽军取得了完全胜利，自此以后宋朝更无招架之力，对辽的战事，由战略进攻转为战略防御。萧太后作为最高指挥者，睿智而有韬略，善于把握战机，用兵无常法，她重用德能之士，赏罚分明，多得将士死力。这与墨守成规、派监军控制军队、常用阵图指挥作战的宋太宗形成了鲜明对比。由此看来，此次战争宋辽双方的胜负不言而喻。

（四）攀巅峰澶渊结盟

"雍熙北伐"的彻底失败对于宋朝来说，使得宋朝统治阶级对收复燕云十六州吞并辽国一事逐渐丧失了信心。宋朝内部主战和主和两派之间的斗争中，主和派占了上风。而宋太宗赵光义这时已经人入暮年，经过两次以多败少的失

败征战，他青年时代兵戈铁马的锐气已经大减，丧失了一统江山的雄心壮志。他基本同意了主和派的消极主张，认为只要自己不去攻打辽国，辽国也不会主动进犯宋朝。在这种思想的驱使下，宋太宗开始了歌舞升平的迷乱生活，连训练军队、储备军粮这些基本防卫行动都懒得去做了。

宋辽之战，虽然最终辽军获得了胜利，但这胜利却是得来不易的。战火所烧辽国之处，满目疮痍，战乱中所波及的城市百姓流离失所，辽国为战争所费人力、物力、财力不计其数，这一切让萧太后十分痛心。她清楚地知道，要想免受外族的入侵，只有努力将辽国的经济、军事、政治实力提升，一味的防御和退让无法停止侵略者的脚步。于是，她加大了对国家政治、军事、经济的改革力度，尽快恢复、发展辽国

的综合国
力。

两次宋辽之
战，辽国都以少胜多、
以弱克强，保住了自己的领土完整，萧
太后对此感到十分欣慰和自豪。辽国的
百姓和朝臣看到威风凛凛的大宋王朝也
不过如此外强中干，其少数民族好战斗
勇的强硬之性逐渐膨胀起来。有关中原
的种种美好传说和璀璨的汉族文化，更
是深深地吸引了他们。渐渐地，占有这
块神秘土地的愿望在辽国统治者心中滋
生。

而萧太后此时更是意气风发、雄心
勃勃。现实的生活、兵戈铁马的战争岁月，
已把她完全锻炼成为一个老练而果敢的
女统帅。少女时代玫瑰色的梦想早已离
她远去，取而代之的是风霜雪雨的峥嵘
岁月。作为一个女人，这一切实在太残
酷了；可作为一个王朝的统治者，这样的

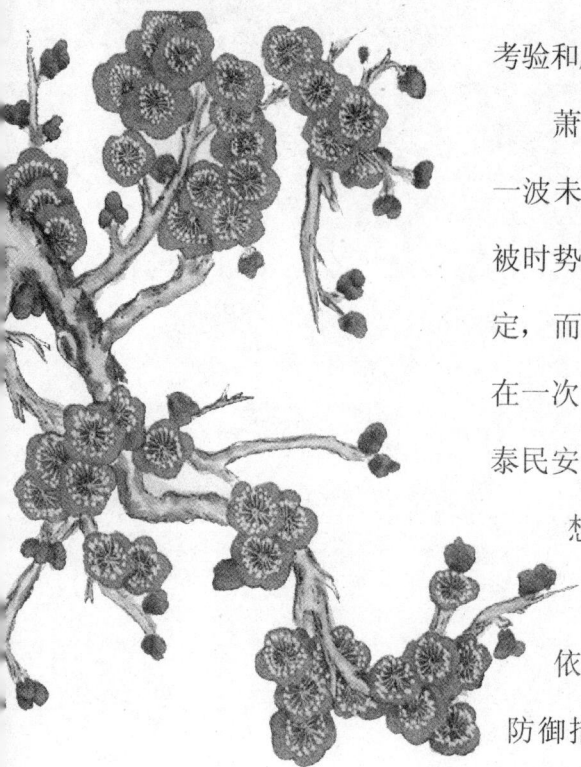

考验和磨炼却是必不可少的。

萧太后的心始终没能真正平静过，一波未平，一波又起，很多时候她都是被时势逼迫在危急的环境下果断做出决定，而并非已做好了足够的心理准备。在一次一次的战乱中，她深深体悟到国泰民安必须依靠强大的军事力量，而要想长治久安，就必须要有雄厚的实力。而要实现这一点，仅仅依靠辽国军队自身的发展和稳固的防御措施是远远不够的。她的国家需要更多的资源来保持社会经济的高速发展，于是她将目光史无前例地投向了幅员辽阔、物产丰富的宋朝，她想变以往的被动挨打为主动进攻。为此，她进行了积极的准备。

她在辽国实行休养生息政策的同时，不断派人南下潜入北宋境内刺探情报。当她得知宋国已无意北进时，心中暗暗窃喜。不久，萧太后得到宋国朝廷的腐败统治、奸臣当道，不断引起官逼民反的起义事件的消息，这使得萧太后更加跃跃欲试了。然而，她绝不是个刚愎自用、鲁莽冲动的人，她清楚地知道，宋朝虽然政治腐败，但它强大的国家实力还是不容忽视的，要实施大计，就必须耐心等待时机成熟。

公元998年，宋太宗赵光义去世，他的儿子赵恒继位，也就是历史上的宋真宗。宋真宗的才干远远不如他的父亲，他长于深宫妇人和宦官之手，从来没有见习过战争，对打仗有着本能的畏惧，而且优柔寡断、胆小怕事。他即位后，推行"守内虚外"的政策，宋朝国运开始走下坡路，局势每况愈下，这就为萧太后南下创造了条件。

萧太后经常召集满朝文武百官商议对宋发动进攻一事，文武大臣都觉得此举可行，但萧太后沉稳地分析了敌我形势。她认为宋朝虽然目前政治不清、新

主不明，但是它毕竟拥有中原历朝历代的发展积淀，国势不可能轻易一泻千里。更何况，北宋朝廷中有几位主战派的大臣，极为深谋远虑，不能掉以轻心。所以，目前最重要的就是摸清宋军的军事实力到底如何，因为光靠推断是远远不够的，所以绝不能轻举妄动。但兵贵神速，看准时机一发即中也是十分必要的。最后，他们商讨决定先派兵发动一次试探性的进攻，待摸清底细、探明虚实后，再大举南下，挥师灭宋。即使最后辽军不能达到灭掉宋朝的终极目标，至少也可以夺取大批粮食财物，劫持大批百姓北归，充实辽国的国库和农业生产的劳动力。

于是，在公元 999 年的冬天，萧太后派萧继远率领一支队伍南下作试探性进攻。临行前，萧太后一再嘱托萧继远：此行只是摸底，如遇强敌，千万不可恋战。

萧继远接受指令后，率军出发了。果不出萧太后所料，进军初始，由于宋朝主和派消极待命，不积极配合作战，使得辽军深入宋国边境较为顺利。但后来，宋主战派的顽强抵抗，使得辽军南下大大受阻。就这样，萧继远率兵迅速北撤，回朝复命。

萧太后听完萧继远的战报后，与圣宗探讨攻宋一事。圣宗认为攻宋一事仍要进行，这次虽然受阻了，但他们已从中了解到宋军主和派的态度极有利于他们灭掉宋国。他们在朝中势力较大，致使宋军战备松弛、警惕性不高。如果辽军派出大量精锐部队，以迅雷不及掩耳之势南下进攻，不难突破宋军的防线。但是鉴于宋军中的主战派也极具作战经验，

所以这件事他们不能操之过急，要从长计议。

圣宗的看法正好和萧太后不谋而合，于是在以后的三年里，萧太后每年都派军南侵，以便为更大规模地进攻宋朝做好试探性的准备。

公元 1004 年，年逾半百的萧太后毅然决定带领时年 29 岁的儿子圣宗御驾亲征，倾全国之力，以收复瓦桥关为名，率二十万大军倾国南下，对宋朝发动最后一次总进攻。

战前，萧太后缜密地分析了辽宋双方的优劣势：辽的优势是骑兵灵活机动，可随地取食而不顾后勤供应线的长短，能进行远距离的、跳跃式的作战，善于寻觅战机，进而取得战略与战术上的主动；辽的劣势在于经济困难，兵源偏紧，攻易守难，难于持久，所以务必要速战速决。宋的优势是武器精

良，经济上相对宽裕，兵员充足，以逸待劳，攻难守易；宋的劣势是用兵必须保证每日的后勤供应，军费浩大，而且步兵较多，不利于长途奔波，士气时起时落，很不稳定。

鉴于此，萧太后制定了此次南下攻宋的军事战略：扬长避短，快速制敌。

那年九月己丑日清晨，辽军二十万兵马聚集在上京西南的石桌子山附近，分列四十个方队，覆盖了石桌子山周围广阔的草原。草原上战马嘶鸣，旌旗蔽日，刀光剑影，铠甲生辉，将帅威武沉着，士卒斗志旺盛。

辰时，只见一队人马从辽国都城上京方向急驰而来。在军队最前方的是萧太后，紧随其后的是圣宗。韩德让、萧挞凛等将领保护在其左右。最前面打着龙凤日月大旗，萧太后骑着桃红宝马，身着黄袍银甲战服，手持方天画戟，威风凛凛，杀气腾腾，俨然是冲锋陷阵的勇武将军。

只见萧太后母子二人风驰电掣般掠过方队,跃马登上石桌子山顶。萧绰高声宣谕:"宋朝欺我新主年幼,欲夺我燕云宝地,数年征战,宋军元气大伤,但仍为我大辽之后患。为了打击敌人,巩固疆土,今我与皇帝御驾亲征,望我大辽将士,精诚团结,勇敢杀敌,夺取最后胜利!"全体将领兵丁知道皇太后与皇帝亲征,备受鼓舞,精神大振,雀跃欢呼。

辽军自幽州取道南下,避实就虚,势如破竹,一路所向披靡,直抵宋朝军事重镇——澶州(在今河南省濮阳县西南)城下,兵锋直逼宋朝京城汴梁(今河南省开封市)。

消息传到汴京后,已经疲于应战的宋真宗惊慌失措,朝廷上下慌乱不已。辽国萧太后的威名早已响彻宋朝全国,这一次她亲自挂帅,看来宋朝凶多吉少。再加上朝中主和派也乘机煽风点火,鼓吹辽军如何勇猛,萧太后如何能征惯战,

以此制造紧张气氛。主和派代表参知政事王钦若是南方人，他以确保皇帝安危为名主张迁都金陵（今江苏南京），再加上枢密院院士陈尧叟提议逃往四川成都，两人为此争论不休，搞得宋真宗一时间举棋不定，无所适从。这时候，北宋名相寇准上前一步请奏。寇准是位具有雄才大略的忠义之士，宋真宗很信任他。寇准看到朝中堂堂中枢重臣，竟然公然主张不战而逃，极为愤怒，断然说道："谁为陛下划此策者，罪可杀也！"并且声色俱厉地要求将主张迁都的人斩首，逃跑派的气焰才被遏制住。紧接着寇准慷慨陈词道:"辽军虽然勇猛,但辽国地少,人力缺乏,战争持续了这么久,他们的后备力量一定匮乏,这次他们倾国而出,也好似强弩之末。这个时候只要圣上您御驾亲征,人心振奋,文武大臣协作团结一致,辽军必将逃遁。辽军来攻,我们可出奇计骚扰,打乱其进攻计划,也可以坚守不出,使辽军疲惫不堪,再乘机打击,这样就可稳操胜券。如果退至江南或是四川,则人心动摇,辽军乘势深入,大宋江山还能保得住吗?"寇准的话掷地有声,立即得到了宰相毕士安和武将高琼等人的强烈支持。宋真宗内心实在很不情愿,但此时形势逼人,朝堂上主张亲征的一派占了上风。在迫不得已的情况下,宋真宗勉强同意亲征。

萧太后很快就探听到宋真宗在主战

派寇准的鼓动下，身临杀场以鼓舞宋军斗志的消息，她为此不免也暗暗担心起来。萧太后这一路率军南下，虽然较快地攻到了澶州，但由于求胜心切，故而不免急躁了些，致使辽军一路苦于征战，损兵折将，伤亡很惨重。再加上后方供给有些跟不上来，军心涣散，战斗力已经减弱了。

尽管宋真宗本人心惊胆寒，然而，当大宋皇帝的黄龙旗在澶州北城楼上一出现，城下宋军与百姓立即齐呼万岁，欢声雷动，声闻数十里，宋军因而气势倍增。尽管萧太后亲自击鼓督战，辽军在攻打澶州时，伤亡精兵三万多人，城池依然岿然不动，最后不得不退下阵来。萧太后为此忧心忡忡，焦急万分。她只有更加积极地集中兵力，勇猛进军。然而，辽军却遭遇了宋军一次次的顽强抵

抗，频频受挫。

而此时发生的一件事又给予了萧太后另一沉重的打击。辽军先锋大将萧挞凛在出阵侦察地形时被宋军用先进的床子弩射中头部，当晚就伤重身亡了。辽军初战不利，又折损了一员大将，士气大挫。萧太后面对这一局势，不得不重新审时度势，暂缓攻城，召开了阵前紧急会议。朝中大臣一部分主张要加紧攻势，坚持到底，必能收降宋朝；还有一部分大臣则表示双方势均力敌，要想取胜恐怕不易，不如见好就收。一向果断从容的萧太后此刻也犹豫了。

此时一直一言不发的大臣王继忠提出了不同的见解。王继忠是宋朝降将，本是汉族人，颇有才干。对于澶州大战，他是有自己的看法的，但是他一直耿耿于怀自己的降将身份，而没有马上将自己的看法表达出来。当看到萧太后向他投来诚恳的目光时，他上前一步，说道："我

辽军虽然个个勇猛善战，但宋军也并非
贪生怕死之辈，双方现已势均力敌。
如果我方加紧攻势的话，宋军有
宋真宗做后盾，势必会拼命抵抗。
这样，战事还会相持下去，而且
拖延时间越长，对我军越为不利。
我们离故土太远，军粮装备一时难
以运到。况且，这次我方是倾国而出，
后备力量实在短缺。如果硬要把这
场仗打下去的话，不仅劳民伤财，而且
会使刚刚发展起来的辽国大伤元气，太
后多年的苦心经营也会付之东流。”

王继忠的话深深打动了萧太后，她
得承认，王继忠的分析是准确的。于是，
她接着问：“那依你之意，我们是要尽快
收兵了？”

王继忠笑着摇了摇头，接着说：“现
在胜负还未分晓，为何要急流勇退呢？”
看到萧太后不解的眼神，他继续说：“我
们和宋朝议和。宋真宗能御驾亲征，绝

非是他的本意使然。其实，他早已厌倦了连年征战的生活。如今只要我们采取'一手打，一手拉'的策略，宋真宗必会主动和我们议和。到那时，我们就掌握了主动权，既能达到休战的目的，又能在和谈中占上风，提条件。"

王继忠的建议非常中肯，这次萧太后真的需要好好考虑考虑了。

一生倔强好强的萧太后从来都是当机立断，坚强果敢，唯独这一次，她是真的犹豫了。

这一次对宋朝的挑战，倾注了她太多的心血，如今让她中途罢手，她实在是心有不甘。在宋辽的多次战争中，尽管辽胜多负少，但除军事以外，辽各方面都远不如宋，特别是经济落后，这样长久相持下去，对辽未必有利。在这样的思想促使下，萧太后决然做出了决

定，她不能因为自己的好胜之心而断送了
辽国的百年基业。大敌当前，她必须以
国事为重，采纳王继忠的议和建议。

接下来的几天，她一方面派出王继
忠为信使，与宋臣曹利用联络议和事宜，
一方面又猛攻澶州城，施加压力。

宋真宗得到这一消息后欣喜若狂，
因为他对抗辽的信心本来就不足。当他
听说辽军有议和之意时，不顾主战派的
寇准和杨延昭的劝阻，当即就表示他早
想止戈息民，不想穷兵黩武，如辽诚心
言和，请及早告之。并破天荒地火速派
曹利用去与辽军联系议和。

在议和过程中，萧太后采用了灵活
而机智的心理战术。为了弄清楚宋真宗
的真实意图，萧太后在曹利用刚到达辽
营后，给予他热情的接待，故意使他放
松了警惕，减弱了戒备心理。

但在和谈一开始，萧太后先发制人，
首先提出要宋朝"归还"后周世宗北伐

夺得的"关南之地"。曹利用见萧太后态度与昨日大不一样，而且口气也很强硬，心中不禁一慌。他想到宋真宗临行前对他的指示说，只要辽军答应撤兵休战，除割地外，百万钱财也在所不惜。于是他表示如果辽想得到金帛之类的补偿作为犒劳军费，宋朝可以考虑。

萧太后见宋朝的意图如此清晰，心中十分高兴，于是她不动声色地假意与曹利用周旋。经过一番讨价还价后，双方最终达成了协议，订立了历史上著名的"澶渊之盟"。双方在盟约中规定：

一、宋辽维持旧日疆界，约为兄弟之国，辽圣宗称宋真宗为兄，宋真宗称承天萧太后为叔母；

二、宋方每年向辽提供"助军旅之费"银十万两，绢二十万匹，至雄州交割；

三、双方以白沟河为界，不得相互交侵，城市只能照旧修葺，不许增修城堡及开挖河道；

……

约成以后，宋廷下令所有军队不得出击，听任辽兵自行撤走。于是，原来陷于进退两难的辽军，反而以战胜者的姿态班师北还。

至此，宋辽终于结束了自高粱河之战以来双方长达二十五年的战争状态。宋真宗为能花那么少的钱财而换取休战而兴奋异常，大宴群臣，完全没有顾虑到自己是在处于军事优势的情况下签订的屈辱性条约。"澶渊之盟"既承认辽国政权的存在，又开"岁币"之滥觞，导致此后两宋积弱，使宋朝繁荣的局面江河日下。

但是站在历史的角度，订盟以后，两朝各守其界，铸剑为锄，此后一百一十七年没有发生过大的战争。百姓得以免受战争的屠戮，两朝都有了一个比较安定的环境，经济都得到长足发展，呈现了两国历史上经济最为繁荣的态势。双方的经济交往也日益繁密，中原的茶叶、粮食、丝织品、

漆器等农产品和手工制品大量输入辽国，而辽的牛、羊、马匹等畜产品也源源不断地运到中原，起到了相互调剂的作用。这种于国于民都有利的大好形势，正是由萧太后首倡，充分体现出了她的高瞻远瞩，既顺应了历史的发展，又符合了人民的要求。

（五）香玉殒魂归乾陵

同年，辽圣宗再一次为母亲加晋尊号，使萧太后的尊号从统和元年的"承天皇太后"、统和二十四年的"睿德神略应运启化承天皇太后"一直加到了"睿德神略应运启化法道仁洪圣武开统承天皇太后"。

当一切障碍俱已扫除，政权稳如泰山，国势蒸蒸日上，在圣宗时期又苦心经营了二十七年之后的萧太后，才终于放心地把权力交给她一手培养起来的儿子辽圣宗。她为儿子举行了契丹传统的

"柴册礼"，将皇权交还给耶律隆绪，结束了她在辽景宗、辽圣宗年间四十余年的"摄政女皇"生涯，去南京安享晚年。

归政后，一种巨大的失落和一种别人难以体会的苦闷如影随形地笼罩着她，原本相当旺盛的生命一下子失去了活力。于是归政不到一个月，即公元1009年12月，在南巡的路上，一场风寒就结束了她那波澜壮阔、充满传奇的一生，年仅57岁。

辽圣宗对母亲的死悲痛异常，他寝食俱废，一直哭到呕血，并为母亲上谥号为"圣神宣献皇后"，隆重安葬于辽乾陵。

萧绰之死对晚年的韩德让来说更是沉重的打击。他从此抑郁寡欢，一年后便重病不起。耶律隆绪和皇后萧菩萨哥每天执子媳礼为他侍奉汤药，却仍然回天乏术。仅仅两年后，韩德让与世长辞，享年71岁。

辽圣宗耶律隆绪为继父举行了隆重

的葬礼，一切规制都与母亲一样。他亲自拉着韩德让的灵车送出百步之远，并且为他服丧，随后将他安葬在母亲的身边，算是为这两人的情感画上了圆满的句号。

萧绰波澜壮阔的一生就这样戛然而止，让人回味无穷。从 18 岁步入宫闱，到 57 岁香消玉殒，这四十年中她用卓越不凡的文治武功将大辽国治理得井井有条。对宋战争，以国母之尊驰骋沙场，在中国历史上恐怕独此一人，不愧为契丹一代巾帼英主；锐意改革，不畏惧契丹贵族的坚决反对，开创了辽国社会经济新局面；下嫁汉官，打破传统观念，大胆追求属于自己的幸福……萧绰敢爱敢恨、开拓进取的鲜活形象使她在中华民族的英雄之林中，永远占有一席之地。